어서와
# 한 학기 한 권 읽기는
읽기는
# 처음이지?

정인

• 집필진

강석순  부산다대초등학교 수석교사
김미선  부산화잠초등학교 수석교사
김완희  부산대천초등학교 수석교사
김은경  부산청동초등학교 수석교사
김정애  부산장림초등학교 수석교사
박미령  부산명덕초등학교 수석교사
박선미  부산남문초등학교 수석교사
배점옥  부산구남초등학교 수석교사
이금휘  부산가야초등학교 수석교사
이 란  부산백양초등학교 수석교사
이옥연  부산연동초등학교 수석교사
장영우  부산용호초등학교 수석교사
조현빈  부산대신초등학교 수석교사
하남숙  부산온천초등학교 수석교사
하송자  부산양성초등학교 수석교사

초판 1쇄 발행  2018년 4월 20일
초판 4쇄 발행  2019년 8월  5일

지 은 이  강석순 · 김미선 · 김완희 · 김은경 · 김정애 · 박미령 · 박선미 · 배점옥
         이금휘 · 이  란 · 이옥연 · 장영우 · 조현빈 · 하남숙 · 하송자
펴 낸 이  정봉선
편 집 장  황인옥
책임편집  강지영

펴 낸 곳  정인출판사
주   소  서울시 동대문구 천호대로 16가길 4
전   화  (02)922-1334
팩   스  (02)925-1334
홈페이지  www.pjbook.com
이 메 일  junginbook@naver.com
등   록  1999년 11월 20일 제303-1999-000058호

I S B N  979-11-88239-08-5 (93370)

강석순
김미선
김완희
김은경
김정애
박미령
박선미
배점옥
이금휘
이 란
이옥연
장영우
조현빈
하남숙
하송자

지음

# 어서와 한 학기 한 권 읽기는 처음이지?

정인

독서는 인간의 고차적인 인지 능력과 관련될 뿐만 아니라 정서 순화와 상상의 세계 확장에도 효율적이다. 그래서 선생님들이나 학부모들은 책을 많이 읽어야 한다고 강조한다.

책을 많이 읽는 것은 분명히 좋은 일이다. 그러나 책을 100권 읽었지만 책의 내용이나 책이 주는 가치는 하나도 남지 않고, 읽은 책의 목록만 남았다면 그것을 읽었다고 할 수 있을까?

수박 겉핥기식의 관광으로 여러 곳을 여행한다고 많은 것을 얻게 되는 것이 아니듯 책 속으로 떠나는 여행도 마찬가지다. 무조건 많이 읽는다고 좋은 것이 아니라 한 권을 읽어도 제대로 읽어야 한다. 책을 읽기 전과 후가 달라지지 않는다면 그 책은 읽지 않은 것이나 마찬가지일 것이다.

널리 알려져 있다시피 미국의 제16대 대통령 링컨은 청년시절 스토우 부인이 쓴 「엉클 톰즈 캐빈」을 읽고 피부색이 다르다는 이유 하나로 한 인간이 다른 인간을 학대하는 것은 옳지 않다는 것을 깨닫고 대통령이 되었을 때 노예를 해방시킨다.

링컨은 책을 읽으며 지금은 아무 힘도 없지만 앞으로 힘이 생기면 부당한 대우를 받는 흑인들을 도와주겠다는 결심을 하였다고 한다. 그리고 마침내 대통령이 되었을 때 그 결심을 실천하게 된 것이다. 링컨이 노예 해방을 위한 남북전쟁을 결심하게 되고 그것을 승리로 이끈 원동력은 바로 한 권의 책 「엉클 톰즈 캐빈」이었다. 한 권의 책이 마음을 움직여 한 사람의 생각을 바꾸고 그 생각은 역사를 바꾼 것이다. 이렇듯 100권의 책을 읽는 것보다 1권의 책이라도 제대로 읽어 책을 통해 깨달은 앎이 삶으로 연결되어야 제대로 된 책읽기라고 생각한다.

우리 어린이들이 살아갈 미래사회가 요구하는 인재상은 산업화 시대의 인재상과는 매우 다르다. 지식과 정보를 전달하던 전통적 학습관에서 양성하고자 하였던 '정답찾기형 인재'에서 '문제해결·창조형 인재'로 바뀌었고, '전문지식형 인재'에서 '창의적 융복합형 인재'로, '개인노력형 인재'보다는 '인간관계 중심형 인재'로 바뀌었다.

이러한 사회변화의 흐름 속에서 교육과정도 달라지고 있다. 2015 개정 교육과정에서는 미래사회가 요구하는 핵심역량[1]을 함양하여 바른 인성을 갖춘 창의융합형 인재를 양성하는 데에 중점을 두고, 책 읽기를 국어수업 안으로 가져왔다. 이 말은 이전의 교육과정에 독서가 없었다는 말이 아니라, 2018학년도 3, 4학년부터 한 학기 한 권 읽기가 국어교과서 안에 독서 단원으로 들어와 필수적으로 학습해야 한다는 뜻이다.

---

1 국어과의 핵심역량은 자기 성찰·계발 역량, 자료·정보 활용 역량, 비판적·창의적 사고 역량, 문화 향류 역량, 의사소통역량이다.

한 학기 한 권 읽기는 슬로리딩(Slow Reading)과 그 맥을 같이 한다.

일본의 국어교사였던 하시모토 다케시 선생이 고안해 가르쳤던 슬로리딩은 학생들이 책을 읽고 배우는 것이 싫다는 느낌을 단순히 '논다'라는 느낌으로 읽고 배울 수 있도록 국어 교과서 대신 소설「은수저」를 3년에 걸쳐 읽기, 쓰기, 샛길 찾기 등 다방면으로 지도한 방법이다.

하시모토 다케시 선생은 한 권의 책을 감상하는 데 걸리는 시간과 노력을 아까워하지 않고, 오히려 그 시간과 노력 속에서 독서의 즐거움을 발견하도록 학생들을 가르쳤는데 이는 빠르게 읽기인 속독, 많이 읽기인 다독과 반대되는 독서 방법이라고 할 수 있다. 속도경쟁 속에서 빠른 시간 내에 답만 찾게 하는 인스턴트 교육 시스템을 바꾸고 진정한 국어교육을 통해 생각의 힘을 길러내고자 시작된 수업이 바로 슬로리딩인 것이다.

우리나라에서는 2014학년 1학기, 용인 성서초등학교 5학년 학생들 60여 명을 대상으로 담임 선생님과 함께 국어 교과서 대신 박완서 작가의 소설「그 많던 싱아는 누가 다 먹었을까」한 권을 천천히, 그리고 깊게 읽으며 수업을 진행했다.

지난 2014년 EBS가 만든 다큐멘터리 '슬로리딩, 생각을 키우는 힘' 프로그램을 보면서 받은 신선한 충격에 부산의 국어과 수석교사들은 함께 모였다.

'모국어를 가르치는 국어과 교사로서, 동료교사의 수업컨설팅을 통해 교학상장(教學相長)을 꿈꾸는 수석교사로서 우리가 가장 잘할 수 있는 일은 책을 즐겨 읽고, 학생들이 책을 좋아하게 만드는 일이다. 우리가 가장 잘할 수 있는 일을 하면서 그 결과물을 공유해보자'는데 의견이 일치되었다.

그리고 슬로리딩을 하기 위해 가장 적합한 책에 대해 고민하다가 2016년에는「행복한 청소부」를 2017년에는「가방 들어주는 아이」를 텍스트로 선정해 적용해 보았다.

이 책은 지난 2년 동안 우리 수석교사들이 직접 교실에서 실천한 결과물이다. 아직은 부족하지만 우리의 작은 실천이 한 학기 한 권 읽기를 하기 위해 고민하는 선생님들과 학부모들에게 디딤돌이 되었으면 좋겠다.

2018년 3월
저자들 씀.

## 이 책은 어떻게 사용할까요?

「가방 들어주는 아이」와 「행복한 청소부」 책으로 한 학기 한 권 책읽기를 어떻게 할 수 있는지 실제 적용한 사례를 중심으로 소개하였으며 다음과 같이 구성되어 있다.

### 1. 책 소개

「가방 들어주는 아이」와 「행복한 청소부」 책에 대하여 저자, 책의 기본적인 내용을 안내하였다.

### 2. 선정 취지

한 학기 한 권 읽기 자료로 선정한 취지와 교육적 가치를 설명하였다.

### 3. 한 학기 한 권 읽기 개요

독서수업의 단계에 따라 읽기 전, 읽기 중, 읽기 후, 다양한 활동을 할 수 있도록 영역별로 주제를 정하여 안내하였으며, 실제편의 내용을 한눈에 파악할 수 있도록 구성하였다. 안내하는 주제는 학 학급의 실정에 맞게 선택해서 활용할 수 있으며 다른 책으로 한 학기 한 권 읽기를 할 때 참고 자료로 활용할 수 있다.

## 4. 실제 편

2015 개정 교육과정의 성취기준과 연계하여 지도할 수 있도록 성취기준을 제시하여 교과 교육과정과 연계하여 활동할 수 있도록 구성하였다. 실제 수업한 적용 사례를 제시하여 실제 활동을 하는데 이해를 쉽게 하였으며 또한 학생들이 사용할 수 있는 학습지도 첨부하여서 활동하는데 도움이 되도록 하였다.

## 5. 수업시간의 적용

- 한 주에 1시간~2시간씩 한 학기동안 전체적으로 분산하여 운영할 수 있다.
- 각 학급의 교육과정을 고려하여 1~3주에 걸쳐 국어시간에 집중적으로 운영할 수 있다.
- 책에 제시된 주제 모두를 그대로 할 필요는 없다. 시수, 아이들의 수준 등 상황에 따라 재구성하여 사용할 수 있다.
- 하나의 주제로 2~3차시를 운영할 수 있다. 하나의 주제로 교사와 학생 모두 깊이 있게 음미하는 기회를 갖는 것이 더 중요하다.
- 주제에 따른 내용만 변경하며 다른 도서와 교과수업에서도 충분히 활용할 수 있다.

## 차 례

# I부

# 한 학기 한 권 읽기를 만나다

# 1 왜 한 학기 한 권 읽기인가?

독서는 '적기에 적서를 적자에게 제공하는 것이 바람직하다.[1]'고 한다. 그러나 우리나라 현실은 학부모들의 조기교육 열풍과 다독을 권장하는 독서교육 정책으로 유아기 때나 초등 저학년 때는 어쩔 수 없는 수동적인 독서를 하였으나 고학년이 되면서부터는 자발적인 독서는 거의 찾기 어려운 실정이다. 이를 뒷받침하는 근거로 2015년 국민 독서 실태 조사에서 우리나라 사람들의 독서량은 OECD 평균에 비해 현저히 낮은 독서량 수치를 보이고, 나이가 들수록 독서량은 줄어들고 있다는 것이다. 여러 원인이 있겠지만 그 가운데 입시 준비로 인한 독서 소홀이 가장 큰 원인이 아닐까 싶다. 아이들은 대학 진학이라는 목표에만 매달려 뜀박질하다 보니 독서가 뒷전으로 밀려날 수 밖에 없었을 것이다.

그런데 반갑게도 교과서 속으로 책이 들어왔다. 아이들에게 책을 온전히 읽을 수 있는 시간이 주어진 것이다. 학생들은 교과서를 배우듯 자연스럽게 공식적으로 책을 읽을 수 있는 시간을 보장받을 수 있게 되었다.

2015 개정 국어과 교육과정에서는 다른 교과와는 차별되는 교과 중점으로 독서 교육을 강화하였다. 독서 교육과 관련하여 국어과에서는 교과서에 실린 파편적이고 분절적인 텍스트 읽기의 문제점이 지속적으로 제기되어 왔다. 지나치게 학습을 위한 독서를 강요해서 자발적으로 독서를 즐기는 평생 독자를 길러내는 데 소홀했다는 반성도 있었다. 이에 따라 새 국어과 교육과정에서는 한 학기에 한 권 이상의 책을 수업 시간에 읽을 수 있도록 독려하고, 책을 읽고 생각을 나누며 글을 쓰는 통합적인 독서 활동을 강조한다. 학생들에게 질 높은 독서 교육을 강조함으로써 인문·사회·과학기술에 관한 기초 소양을 기르고, 우리 사회가 추구하는 창의융합형 인재를 양성하고자 한다.


# 2 한 학기 한 권 읽기란?

**가.** 2015 개정 교육과정에서 초등학교 3학년부터 고등학교까지 '한 학기 한 권, 교과서 밖의 책을 수업 시간에 끝까지 읽고, 타인과 생각을 나눈 뒤에 자기 생각을 쓰는 데 도움이 되도록'하기 위한 책 읽기를 말한다.

**나.** 2015 개정 교육과정의 한 학기 한 권 읽기를 위해 현장 중심으로 해석한 '독서 단원'은 책 한 권을 긴 호흡으로 읽고, 듣고, 말하고, 쓰는 실제 활동을 하여 관련 성취기준을 통합해 배울

---

1 미국도서관협회(American Library Association)

수 있도록 구안했다.

**다.** 한 학기 한 권 읽기를 위한 '독서 단원'은 국어과 수업 시수 안에서 특별하게 계획된 독서 경험을 제공하고, 교사와 학생이 자율적으로 선택하고 창조적으로 구성하며 교수·학습 과정에서 독서가 이루어지도록 설정했다.

**라.** 한 학기 한 권 읽기를 위한 '독서 단원'은 독서 습관의 지속과 내면화를 위해 한 학기에 한 단원(8차시 이상)을 기본으로 하며, 학교 도서관 및 교실 상황, 교과서 재구성에 따라 수업 시기를 자유롭게 정하는 등 탄력적으로 운영하는 특별 단원의 성격을 띤다.

# 3 2015 개정 교육과정에 한 학기 한 권 읽기 도입 배경

2015 개정 교육과정에 한 학기 한 권 읽기가 도입된 배경은 국어과 교육과정 교수·학습의 방향, 국어과 성취기준, 교과서 편찬상의 유의점에 관련 내용이 제시되어 독서 후 듣기·말하기, 읽기, 쓰기가 통합된 수업 활동을 통해 인문학적 소양을 갖출 수 있도록 하고 있다.

그리고 2015 개정 교육과정은 학생 참여와 현장 소통 강화를 기반으로 개정 방향을 정했기에 충분한 현장 경험과 자원이 있는 한 학기 한 권 읽기교육 활동이 교육과정에 반영될 수 있었다. 2015 개정 교육과정 국어과 교수학습 방향에서 한 학기 한 권 읽기는 학습자 참여형 교수학습의 구체적인 적용이라 할 수 있다. 한 학기 한 권 읽기는 국어 지식의 단절을 극복하고 삶의 연속성 위에 개성 있고 품위 있는 국어생활을 추구할 뿐 아니라 의미 있는 독서 경험을 통하여 평생 독자 양성을 배경으로 진행된다(교육부. 2016).

---

[교수·학습의 방향]
• 국어 활동의 총체성을 고려하여 통합형 교수·학습을 계획하고 운용한다.
  한 학기에 한 권, 학년 수준과 학습자 개인의 특성에 맞는 책을 긴 호흡으로 읽을 수 있도록 도서 준비와 독서 시간 확보 등의 물리적 여건을 조성하고, 읽고, 생각을 나누고, 쓰는 통합적인 독서 활동을 학습자가 경험 할 수 있도록 한다.

---

[성취기준]
[4국01-01] 대화의 즐거움을 알고 대화를 나눈다.
[4국02-02] 글의 유형을 고려하여 대강의 내용을 간추린다.
[4국02-05] 읽기 경험과 느낌을 다른 사람과 나누는 태도를 지닌다.

[4국03-05] 쓰기에 자신감을 갖고 자신의 글을 적극적으로 나누는 태도를 지닌다.

[4국05-02] 인물, 사건, 배경에 주목하며 작품을 이해한다.

[4국05-04] 작품을 듣거나 읽거나 보고 떠오른 느낌과 생각을 다양하게 표현한다.

[4국05-05] 재미나 감동을 느끼며 작품을 즐겨 감상하는 태도를 지닌다.

[6국05-01] 문학은 가치 있는 내용을 언어로 표현하여 아름다움을 느끼게 하는 활동임을 이해하고 문학 활동을 한다.

[6국05-02] 작품 속 세계와 현실 세계를 비교하며 작품을 감상한다.

[6국05-05] 작품에 대한 이해와 감상을 바탕으로 하여 다른 사람과 적극적으로 소통한다.

[6국05-06] 작품에서 얻은 깨달음을 바탕으로 하여 바람직한 삶의 가치를 내면화하는 태도를 지닌다.

[2015 개정 국어 교과서 편찬상의 유의점]

한 학기 한 권, 교과서 밖의 책을 수업 시간에 완독하고, 타인과 생각을 나눈 후 자기 생각을 쓰는 데 도움이 되도록 통합적인 수업 활동을 개발한다.

## 4 한 학기 한 권 읽기를 위한 독서 단원의 설정 목적과 목표

2015 개정 교육과정 3~4학년 국어과 교사용지도서에는 독서 단원의 목적과 목표를 다음과 같이 제시하고 있다.

**가.** 독서 단원은 한 학기 한 권 읽기 경험으로 학생들의 독서습관과 태도를 형성하고, 나아가 평생 독자로 성장하는 데 목적이 있다.

**나.** 학생이 스스로 한 학기 한 권의 책을 선정해 읽고, 생각을 나누며 다양하게 표현해 봄으로써 독서의 즐거움을 경험하고 느끼게 한다.

**다.** 학생들이 책을 읽는 과정에서 자연스럽게 읽기 전략을 익히고, 책을 읽으면서 생각하는 힘을 기르도록 돕는다.

**라.** 독서는 사회 문화적 의미 구성의 과정이므로, 학급 구성원들이 만들어 가는 독서 경험은 중·장기적으로 중요한 의미를 가진다.

**마.** 3~4학년군에서는 '마음을 넓히고 생각을 키우는 독서'를, 5~6학년군에서는 '꿈이 싹트고 슬기를 키우는 독서'를 지향한다.

## 5 한 학기 한 권 읽기 독서 단원 구성의 기반인식

**가.** 독서 환경을 조성할 때 자발적 독서를 위한 책 선정과 읽기에 필요한 시간 제공이 선결되어야 한다.

**나.** 학생이 스스로 읽고 탐구하는 적극적인 독서 활동을 위해 충분한 독서 환경을 제공한다.

**다.** 학교에서는 다양하고 풍부한 독서가 가능한 환경을 만들어 독서 경험을 뒷받침한다.

**라.** 학생들은 자신의 독서를 스스로 통제하고 선택할 때 내재적 동기가 더 높아진다.

**마.** 책을 읽고 생각을 나누는 가운데 학생들이 독서 전략이나 기능을 자연스럽게 배울 수 있도록 한다.

**바.** 학생들이 책을 읽고 생각을 나누는 과정에서 배려하는 마음을 키울 수 있도록 한다.

**사.** 학생들이 같은 책을 읽으면서 함께 성장하는 공동체적 사고에 기반을 두도록 한다.

**아.** 책 한권을 쪼개지 않고 온전히 읽음으로써 작품 이해와 감상의 폭을 넓히도록 한다.

**자.** 독서 결과에 대한 평가에 치중해 독서 동기와 의욕을 떨어뜨리는 학습 책무성을 강조하지 않도록 한다.

**차.** 학교 도서관이나 지역 도서관을 활용할 수 있는 기회를 적극 제공한다.

**카.** 독서의 즐거움과 가치를 경험할 수 있는 기회를 제공하는 데 집중하도록 한다.


## 6 한 학기 한 권 읽기를 위한 유의점

**가.** 교사는 다양한 정보와 목록을 제공해 학생 스스로 선택하도록 돕는다. 독서 경험을 나누는 활동을 할 때 비문학 도서와 문학 도서에 따라 독서 활동은 달라질 수 있으므로 교사는 사회 및 과학도서, 역사도서 등 비문학 도서와 그림책, 동시, 동화 등 문학 도서를 균형있게 제공한다.

**나.** 1학기에는 한 학급이 동일한 책 한 권을, 2학기에는 개별 또는 소집단이 다른 책을 선정하는 방식 등 학기별로 독서 단위의 변화도 가능하도록 한다.

**다.** 독서 후 단계의 '정리하기'에서는 독서 활동 돌아보기, 더 찾아 읽기, 독서 습관 기르기를 설정해 독서가 내면화 될 수 있도록 한다.

**라.** 독서 활동과 경험이 교사와 학생, 학생 상호 간에 공유되면서 상호 소통이 잘 이루어지고, 교사는 독서의 역할 모델로 사제동행 독서가 이루어지도록 노력한다.

**마.** 도서 선정부터 독서 경험을 위한 독서 활동에 이르기까지 교사는 학생들에게 친절한 안내를 하되, 학생의 자율성과 선택권은 보장되어야 한다.

## 7 슬로리딩

## 가. 슬로리딩의 의미

　'슬로리딩'이란, 한 권의 책에 될 수 있는 한 많은 시간을 들여 천천히 읽는 것이다. 책을 감상하는 데 걸리는 시간과 노력을 아까워하지 않고 오히려 그 시간과 노력에서 독서의 즐거움을 발견하는 방법을 말한다. 꼼꼼하게 책을 읽는다는 의미로 '숙독(熟讀)', '정독(精讀)'이라는 말이 있는데, '천천히 깊게 읽기'란 그러한 독서 태도를 포괄하는 것으로 이해하면 된다.[2]

　슬로리딩 수업은 일본의 중학교 국어 교사였던 하시모토 다케시(1912~2013)가 처음 시작한 수업방법이다. 하시모토 다케시 선생님은 교과서를 사용하지 않고《은수저》를 천천히 반복해서 읽고 소설 속에 등장하는 놀이나 책에 나오는 시 100가지를 카드로 만들어 맞추기 놀이를 하는 등 배우는 즐거움과 재미를 느낄 수 있게 했다. 그리고 '은수저 연구 노트'를 활용해 이해되지 않는 단어와 감동 받은 문장 등을 꼼꼼히 적고, 친구들과 의논해서 책에 나오는 궁금한 내용들을 조사하고 서로 발표 하며 나누는 등 학생들이 주도적으로 참여하는 수업을 하였다. 이 수업을 받은 제자들이 그들의 성 공비결이 된 이 수업을 '슬로리딩'이라고 소개하면서 세상의 주목을 받게 되었다.[3]

## 나. 슬로리딩의 필요성

1) 천천히, 하나하나 곱씹어서 완벽하게 이해하고 분석하며 내 것으로 만든 지식이 쌓여 가면 그 것을 통해 미처 다 읽지 않아도, 보지 않아도 알게 되는 것들이 생기게 된다. 그 깨달음의 세계 를 늘여 가기 위해서이다.

2) 책을 천천히 읽다보면 궁금증이 생기게 되고 꼬리에 꼬리를 무는 의문을 풀어가는 과정 속에서 알아낸 지식은 온전히 '내 것'이 되기 때문이다.

3) 스스로의 필요에 의해, 스스로의 욕구에 의해 이루어지는 독서법으로 같은 내용을 오늘도 읽고, 내일도 읽고, 또 일주일 후에라도 필요하면 다시 또 읽는 반복 학습 방법을 통해 제대로 효과를 발휘하는 공부법이기 때문이다.

4) 국어교과서에서 다루어지는 교과서 지문의 수준이 많이 좋아졌지만 완전한 작품을 그대로 싣

---

2　히라노게이치로(2008), 책을 읽는 방법, 문학동네(p.19~20)
3　박경숙 외(2017), 수업 슬로리딩과 함께, 살림터(p.24)

기에는 역부족이고 편집된 형태여서 내용 파악이 어려운 데다가 문학적인 감동과 재미를 그대로 느끼는 데 한계가 드러나기 때문이다.

5) 2015 개정교육과정 독서 단원 도입으로 교과 내 차시 재구성 및 타교과 와의 주제 통합으로 정해진 수업 차시를 늘여 갈 수 있기 때문에 원작을 찾아 충분한 책 읽기 시간을 가지고 통합적 독서활동을 할 수 있다.

## 다. 슬로리딩의 효과

1) '천천히 깊게 읽기'는 한 권의 책을 읽더라도 스스로 다양한 생각을 하게 만든다. 꼬리에 꼬리를 무는 질문을 쏟아 내게 하는 과정에서 생각의 힘이 길러진다.

2) 책 속의 인물에 대해 공감하는 경험으로 책 속 인물을 이해하고 현실에서 자신과 관계를 맺는 많은 사람들과 소통할 수 있는 능력이 향상된다.

3) 책 속의 다양한 경험을 실제 생활 속에서 적용하고 체험해 봄으로써 나의 이야기를 풀어내고 더 나은 삶을 신중하게 판단해 볼 수 있게 된다.

4) 작가가 쓴 이야기를 그대로 받아들이는 것이 아니라 학생 개개인의 새로운 방법으로 이야기를 풀어가는 경험을 통해 책 속의 지식과 정보, 생각이나 느낌을 나의 것으로 재해석하고 재창조 할 수 있다.

5) 책 속에서 토의·토론할 수 있는 주제거리를 찾아 자신의 생각을 논리적으로 정리하고 주장하는 방법을 익힘으로써 자신의 생각을 보다 설득력있게 전달할 수 있게 한다.

6) 친구들과 함께 소통하고 협동하는 활동을 통해 무조건적으로 자신의 의견을 주장하는 것이 아니라 상대편의 의견을 존중하고 경청하면서 자신의 부족한 부분을 보완하며 최선의 해결방안을 찾을 수 있다.

## 라. 교과연계 슬로리딩을 위한 교육과정 재구성(사례)

1) 5학년~6학년 군 성취기준을 참고하여 「행복한 청소부」로 지도할 수 있는 단원의 교육과정 성취기준을 선정하였다.

2) 5학년 2학기 국어 교과서 1, 3, 7, 10단원의 교육과정 성취기준을 선정하였다.

| 단원 | 교육과정 성취기준 |
|------|------------------|
| 1단원<br>문학이 주는 감동 | [6국05-01] 문학은 가치 있는 내용을 언어로 표현하여 아름다움을 느끼게 하는 활동임을 이해하고 문학 활동을 한다. |
| 3단원<br>토론을 해요. | [6국01-03] 절차와 규칙을 지키고 근거를 제시하며 토론한다. |
| 7단원<br>인물의 삶 속으로 | [6국05-06] 작품에서 얻은 깨달음을 바탕으로 하여 바람직한 삶의 가치를 내면화하는 태도를 지닌다. |
| 10단원<br>글을 요약해요. | [6국03-01] 쓰기는 절차에 따라 의미를 구성하고 표현하는 과정임을 이해하고 글을 쓴다. |

3) 교사용 지도서를 참고하여 교육과정의 차시 지도 계획을 분석하였다.

5학년 2학기 교과서 1, 3, 7, 10단원의 성취기준에 따른 차시 지도 계획은 총 31차시로 구성이 되어있다.

| 단원 | 교육과정 성취기준 | 차시 | 지도계획 |
|------|------------------|------|----------|
| 1단원<br>문학이 주는<br>감동 | [6국05-01]<br>문학은 가치 있는 내용을 언어로 표현하여 아름다움을 느끼게 하는 활동임을 이해하고 문학 활동을 한다. | 1 | 단원도입, 시와 이야기를 읽고 자신이 감동을 받는 까닭 알기 |
| | | 2 | 이야기를 일고 작품에서 받은 감동 말하기 |
| | | 3~4 | 이야기를 읽고 독서 감삼문을 쓰는 방법 알기 |
| | | 5~6 | 시나 이야기를 찾아 읽고 독서 감상문 쓰기, 단원 정리 |
| | | 7~8 | 읽고 싶은 작품을 찾아 읽고 독서 토의하기 |
| 3단원<br>토론을 해요. | [6국01-03]<br>절차와 규칙을 지키고 근거를 제시하며 토론한다. | 1 | 단원도입, 토론의 특징에 대하여 알기 |
| | | 2~3 | 토론의 절차와 방법 알기 |
| | | 4~5 | 주장을 뒷받침하기 위하여 자료를 수집하고 평가하는 방법 알기 |
| | | 6~7 | 토론의 절차와 방법을 지켜 토론하기, 단원 정리 |
| | | 7~8 | 우리주변의 문제를 원탁토론을 통하여 해결하기 |
| 7단원<br>인물의<br>삶속으로 | [6국05-06]<br>작품에서 얻은 깨달음을 바탕으로 하여 바람직한 삶의 가치를 내면화하는 태도를 지닌다. | 1~2 | 단원 도입, 이야기를 듣고 인물이 처한 환경을 파악하는 방법 알기 |
| | | 3 | 이야기를 읽고 인물이 처한 환경을 생각하며 인물의 삶 정리하기 |
| | | 4~5 | 이야기를 읽고 인물이 추구하는 삶에 대하여 이야기하기, 단원 정리 |
| | | 6~7 | 인물이 추구하는 삶에 대하여 독서토론하기 |

| 단원 | 교육과정 성취기준 | 차시 | 지도계획 |
|---|---|---|---|
| 10단원 글을 요약해요. | [6국03-01] 쓰기는 절차에 따라 의미를 구성하고 표현하는 과정임을 이해하고 글을 쓴다. | 1~2 | 단원 도입, 글의 짜임 알기 |
| | | 3~4 | 글을 요약하는 방법 알기 |
| | | 5~6 | 글을 읽고 요약하기, 단원 정리 |
| | | 7~8 | 이야기의 짜임을 생각하며 이야기 감상하기 |

4) 성취기준을 바탕으로 교육과정을 재구성하였다.

　가) 성취기준을 중심으로 한 권의 책 슬로리딩을 위한 교육과정을 재구성한다.

　나) 지도할 순서는 단원의 차시의 순서를 무시하고 한 권의 책을 슬로리딩 하면서 성취기준 도달에 효율적인 순서로 차시 지도 계획을 재구성하였다.

　다) 5학년 2학기 교과서 1, 3, 7, 10단원의 성취기준에 따른 차시지도 계획을 총 18차시로 재구성하였다.

| 성취기준 | 단원 | 읽기활동 | 차시 | 학습목표 중심의 슬로리딩 재구성 |
|---|---|---|---|---|
| [6국05-01] 문학은 가치 있는 내용을 언어로 표현하여 아름다움을 느끼게 하는 활동임을 이해하고 문학 활동을 한다. | 1. 문학이 주는 감동 | 읽기 전 활동 | 1 | 학습할 내용 보물지도그리기 |
| | | | 2 | 내용 추론하며 읽기 |
| | | 읽기 중 활동 | 3 | 이야기를 읽고받은 감동 말하기 |
| | | | 4 | 이야기를 읽고받은 감동 말하기 |
| | | | 5 | 이야기를 읽고 작품에서 감동받은 까닭 말하기 |
| [6국05-06] 작품에서 얻은 깨달음을 바탕으로 하여 바람직한 삶의 가치를 내면화하는 태도를 지닌다. | 7. 인물의 삶 속으로 | | 6 | 이야기를 읽고 인물이 처한 환경을 파악하는 방법을 알기 |
| | | | 7 | 이야기를 읽고 인물이 처한 환경을 생각하며 인물의 삶을 정리하기 |
| | | | 8 | 이야기를 읽고 인물이 추구하는 삶에 대하여 이야기하기 |
| | | | 9 | 이야기를 읽고 인물이 추구하는 삶을 정리하기 |
| [6국01-03] 절차와 규칙을 지키고 근거를 제시하며 토론한다. | 3. 토론을 해요. | | 10 | 토론의 방법과 절차 알기 |
| | | | 11 | 토론주제 정하기 |
| [6국05-06] 작품에서 얻은 깨달음을 바탕으로 하여 바람직한 삶의 가치를 내면화하는 태도를 지닌다. | 7. 인물의 삶속으로 | | 12 | 인물이 추구하는 삶에 대하여 독서토론하기 |

| 성취기준 | 단원 | 읽기활동 | 차시 | 학습목표 중심의 슬로리딩 재구성 |
|---|---|---|---|---|
| [6국03-01]<br>쓰기는 절차에 따라 의미를 구성하고 표현하는 과정임을 이해하고 글을 쓴다. | 10.<br>글을 요약해요. | 읽기 후 활동 | 13 | 사건의 전개과정 알기 |
| | | | 14 | 글의 짜임 알고 요약하는 방법 알기 |
| | | | 15 | 글을 읽고 요약하기 |
| [6국05-01]<br>문학은 가치 있는 내용을 언어로 표현하여 아름다움을 느끼게 하는 활동임을 이해하고 문학 활동을 한다. | 1.<br>문학이 주는 감동 | | 16 | 독서 감상문 쓰는 방법 알기 |
| | | | 17 | 이야기 읽고 독서 감상문 쓰기 |
| | | | 18 | 이야기 바꾸어 쓰기 |

5) 지도상의 유의점

　가) 성취기준을 중심으로 4개의 단원을 통합하여 시간 운영을 계획한다.

　나) 1단원 '문학이 주는 감동'에서는

　　⑴ 이야기를 읽을 때에는 내용 파악하기와 주제 찾기를 통하여 작품을 좋아하는 까닭을 찾도록 한다.

　　⑵ 작품의 감상을 표현하는 과정에서 적극적인 동료 협력 학습이 이루어지도록 상호 대화를 권장한다.

　다) 3단원 '토론을 해요'에서는

　　⑴ 토론은 상대를 설득하는 경쟁적 의사소통이지만 궁극적인 목적은 참가자들의 대립적인 주장을 통하여 최선의 결론에 이르게 하는 데 있음을 인식시킨다.

　　⑵ 주장과 근거의 타당성을 확보하기 위하여 자료를 수집하는 방법을 알고 토론 주제를 정하여 자료를 수집하여 보도록 한다.

　　⑶ 다른 사람의 의견을 존중하며, 일상생활 속에서 의견이 대립하는 토론 주제에 대하여 비판적인 안목을 기를 수 있도록 지도한다.

　라) 7단원 '인물의 삶 속으로'에서는

　　⑴ 인물이 처한 환경과 인물의 생각을 바탕으로 하여 인물의 삶을 이해하고 정리하도록 지도한다.

　　⑵ 인물의 생각은 인물이 처한 환경에서 인물의 말이나 행동을 중심으로 정리하도록 한다.

　　⑶ 이야기에 나오는 인물들은 자신이 가치 있다고 생각하는 삶을 추구한다. 따라서 인물이 추구하는 삶을 인물의 가치관과 관련지어 파악하도록 지도한다.

　　⑷ 독서 토론은 인물이 처한 환경에 대하여 충분히 이해한 뒤에 진행하도록 한다.

# II부

# 한 학기 한 권 읽기를 해보다

책 하나. 나와 다른 친구를 이해하고 공감하는 우정이야기
「가방 들어주는 아이」

책 둘. 진정한 행복과 배움의 재미를 깨달아가는 삶의 이야기
「행복한 청소부」

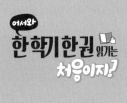

책 하나.

나와 다른 친구를 이해하고 공감하는 우정이야기
「가방 들어주는 아이」

# 1 책 소개

「가방 들어주는 아이」를 쓴 고정욱 작가는 어릴 때 소아마비를 앓아 다리가 불편한 장애인으로 「네 손가락의 피아니스트」, 「아주 특별한 우리 형」, 「안내견 탄실이」 등 장애인을 소재로 한 책을 집필하며 장애인이 차별받지 않는 세상을 만들기 위해 노력하고 있다.

「가방 들어주는 아이」는 초등학교 3학년 권장도서가 된 화제작으로 국내에서 100만부 이상이 판매된 베스트셀러이며, 뮤지컬과 드라마로 제작되기도 하였다. 지금은 4학년 1학기 국어 교과서에 드라마로 소개되어 이야기를 만날 수 있다.

새 학기 첫날에 장애로 인해 목발을 짚고 다니는 영택이를 만난 석우는 영택이의 가방을 들어주라는 선생님의 부탁으로 가방 들어주는 일을 시작하게 되지만, 친구들의 놀림과 주위 사람들의 시선 때문에 많이 갈등하고 힘들어 한다. 선생님께서 시키시니까 어쩔 수 없이 하게 된 일이지만 몸이 불편한 영택이를 모른 척 할 수가 없었고, 가방보다 더 무거운 영택이의 아픔과 어려움을 알게 되면서 석우는 영택이의 가방을 기쁜 마음으로 들어주게 된다. 서로 다른 입장을 이해하고 공감하면서 우정을 키워가는 석우와 영택이의 따뜻하고 흐뭇한 성장 이야기가 잔잔한 감동으로 펼쳐진다.

# 2 선정 취지

- 학교생활을 중심으로 한 친숙하고 어렵지 않은 내용으로 전 학년에서 두루 다룰 수 있으며, 접하기 쉬운 이야기 속 소재들로 공감대가 잘 형성될 수 있다.
- 우정과 장애를 주제로 다룬 책들을 다양하게 접하면서 연계 독서 활동을 하기가 용이하다.
- 학교, 골목길, 마을, 재래시장 등 쉽게 접할 수 있는 이야기 속 배경을 중심으로 미술, 사회 교과와 융합한 수업(마을 지도, 간판 제작 등)을 할 수 있다.
- 생일, 용돈, 친구, 축구, 가방 등 일상과 관련된 소재로 체험 중심의 오감활동을 다양하게 해 볼 수 있다.
- 장애를 겪는 사람들의 어려움에 공감하면서 장애인에 대한 바른 인식과 관심을 가지고 나눔을 실천하는 기회를 마련할 수 있다.
- 진정한 친구, 희생과 봉사 등의 주제로 토의·토론해 볼 기회를 가질 수 있다.

# 3 독서 활동 내용 구성

| 과정 | 영역 | 순 | 주제 | 본문 쪽 수 |
|---|---|---|---|---|
| 읽기전 | 예상하기 | 1 | ·표지나 핵심 낱말을 보고 책과 친해지기 | 24 |
| | | 2 | ·차례, 그림 보고 이야기 예상하기 | 28 |
| 읽기중 | 질문하며 읽기 | 3 | ·어려운 낱말 찾아 익히며 통독하기 | 32 |
| | | 4 | ·핵심 낱말 탐구하기 | 35 |
| | | 5 | ·석우 따라 가보기 | 38 |
| | | 6 | ·감정그래프 그리기 | 41 |
| | 내용 이해하고 요약하기 | 7 | ·책 속 인물에게 인터뷰하기 | 44 |
| | | 8 | ·이야기 속 인물 관계도 만들기 | 47 |
| | | 9 | ·이야기 그림 조각보 꾸미기 | 49 |
| | | 10 | ·이야기 비빔밥 만들기 | 52 |
| | | 11 | ·이야기 요약하기 | 55 |
| | 체험하기 | 12 | ·다른 사람 도와주기 | 57 |
| | | 13 | ·천 원의 행복 찾기 | 61 |
| | | 14 | ·장애 체험하기 | 63 |
| | | 15 | ·석우처럼 하고 싶은 운동 찾기 | 66 |
| | 만들기 | 16 | ·가방의 의미를 생각하며 가방 디자인 해 보기 | 70 |
| | | 17 | ·찰흙으로 이야기 속 물건 만들기 | 73 |
| | 파생 독서 | 18 | ·우정을 다룬 책 찾아 읽고 비교하기 | 76 |
| | 토의·토론 하기 | 19 | ·질문 하브루타하기 | 79 |
| | | 20 | ·주제를 정해 토론해 보기 | 82 |
| 읽기후 | 독후 활동 및 표현하기 | 21 | ·나뭇가지 토의·토론하기 | 85 |
| | | 22 | ·우리 동네 가게 이름 짓기 | 89 |
| | | 23 | ·내 속에 있는 당당한 내 모습 그리기 | 92 |
| | | 24 | ·등장인물에게 칭찬하기 | 94 |
| | | 25 | ·책 광고 만들기 | 97 |
| | | 26 | ·책 속 인물에게 상장 만들어 주기 | 100 |
| | | 27 | ·등장인물에게 편지 쓰기 | 104 |
| | | 28 | ·뒷 이야기 상상하기 | 108 |

※ 읽기 전, 중, 후 과정은 교사 의도에 따라 재구성 할 수 있다.

# 표지나 핵심 낱말을 보고 책과 친해지기

새로운 책을 접할 때 표지는(제목, 글, 그림, 기호 등) 내용을 짐작하는 데 많은 정보를 주는 자료의 역할을 한다. 먼저, 학생들의 호기심을 극대화하기 위하여 표지를 제목만 나타낸 흰 종이로 가린 채 알고 싶은 점이나 궁금한 점을 질문의 형태로 찾아보게 한다. 다음은 종이를 떼어내고 표지 그림을 살펴본 다음 짐작할 수 있는 내용을 찾게 하고, 마지막으로 표지에 드러난 간단한 내용 소개를 읽게 하면 내용 짐작하기 뿐만 아니라 책과 친해지는 데에도 도움이 된다.

이러한 활동을 통해 궁금한 점이나 알고 싶은 점을 바탕으로 텍스트를 읽음으로써 이야기를 보다 적극적으로 수용할 수 있을 것이다.

## 관련 성취기준

[4국02-03] 글에서 낱말이 의미나 생략된 내용을 짐작한다.

## 관련 구절

표지(제목, 그림, 간략한 책 소개)

## 활동 절차

1. 표지를 제목만 써 놓은 흰 종이로 가린다.
2. 제목을 '가방'과 '들어주는 아이'의 두 부분으로 나눈다.
3. 들어주는 아이가 있으면 '맡기는 아이'도 있음을 알게 한다.
4. 알고 싶은 점이나 궁금한 점을 짝과 의논하여 붙임쪽지에 써 보게 한다.
5. 짝 활동이 끝나면 모둠 발표를 하면서 찾아낸 질문을 분류·통합한다.(같은 질문은 포개 붙이기)
6. 모둠별 발표를 한 후 발표하는 모둠과 중복되는 질문이 있으면 붙임 쪽지를 떼어낸다.

### 활동 TIP

o 제목만 쓴 흰 종이로 표지를 가린 책은 수업이 시작되면 배부한다.(재 접착 풀 사용)
o 제목보고 질문 찾기를 짝 활동으로 운영하면 협의를 통해 정선된 아이디어를 생산할 수 있다.
o 짝 활동은 버블맵을 활용하고 모둠 활동은 프레임 없는 활동판을 활용한다.
o 짝 활동으로 질문 찾기를 할 때 붙임 쪽지를 사용하면 모둠원의 생각을 분류 통합하여 옮겨 붙이기 쉽다.

## 적용 사례 1

### [제목을 보고 질문 떠올리기]

☑ 흰 종이로 표지 그림을 가린 책의 제목을 살펴본다.

☑ 제목을 '가방'과 '들어주는 아이'로 나누고 '맡기는 아이'와 '그 밖의 내용'에 대해서도 질문을 떠올리게 한다.

☑ 두 사람이 짝이 되어 알고 싶거나 궁금한 점을 붙임 쪽지에 쓴다.

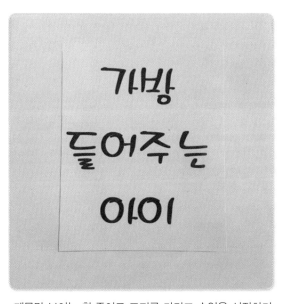

제목만 보이는 흰 종이로 표지를 가리고 수업을 시작하기

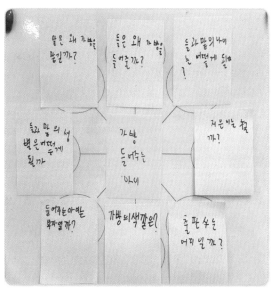

짝 활동으로 질문 찾기(1)

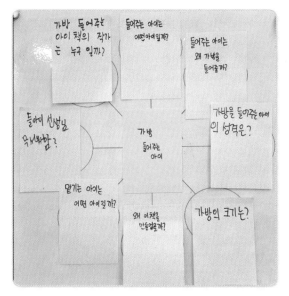

짝 활동으로 질문 찾기(2)

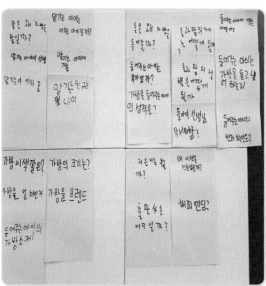

짝 활동의 질문을 모둠별로 분류, 통합하기

적용 사례 2

**[모둠별 질문을 발표하고 범주 별로 분류하기]**

☑ 모둠별로 분류 통합한 질문을 전체에게 발표하고, 기다리는 모둠에서는 같은 질문이 있으면 붙임 쪽지를 떼어낸다.

☑ 한 모둠의 발표가 끝나면 붙임 쪽지를 칠판의 범주 명 아래에 옮겨 붙인다.

☑ 제목 공부가 끝나면 종이를 떼어내고 표지 그림 및 책 소개를 보면서 내용을 짐작한다.

찾아낸 전체 질문을 범주별로 분류, 통합하기

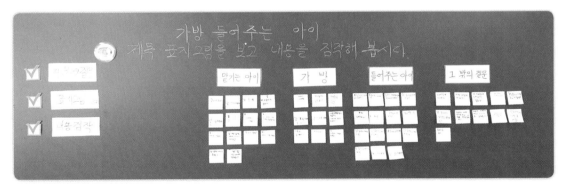

짝→모둠→전체 학습을 통해 찾아낸 질문과 짐작한 내용 전체

## 표지나 핵심 낱말을 보고 책과 친해지기

초등학교 [ ] 학년 [ ] 반 이름 [ ]

※ 버블 맵을 활용하여 다양한 질문을 꺼내봅시다.

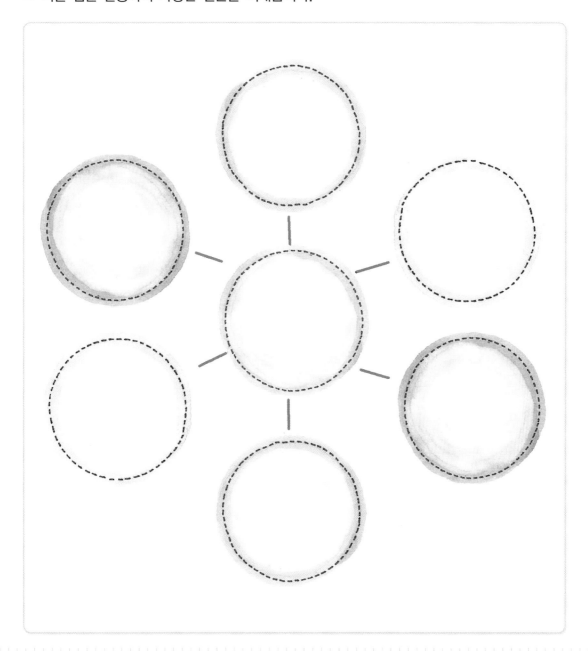

# 차례, 그림 보고 이야기 예상하기

이야기의 내용을 예상할 때에는 표지를 자세히 들여다보는 방법 이외에도 차례를 살펴보거나 본문 속에 삽입된 그림을 활용할 수 있다. 이 책에 제시된 6개의 소주제를 살펴보면서 궁금한 점이나 짐작할 수 있는 내용을 연꽃 활동지에 써 보는 활동을 함으로써 차례를 보고 이야기를 예상할 수 있을 것이다. 또 이야기의 흐름을 파악할 수 있는 몇 장면의 그림을 보고 소집단 활동을 하면서 다양한 생각을 공유하는 과정을 통해 내용을 예상할 수도 있다.

개인이 예상할 수 있는 내용은 한정되어 있지만 짝, 모둠, 전체 학습을 통해 생각의 폭을 확대하고 깊이를 심화하는 계기가 될 것이다.

 ## 관련 성취기준

[4국02-03] 글에서 낱말의 의미나 생략된 내용을 짐작한다.

 ## 관련 구절

〈차례〉

그림 7장면(11쪽, 15쪽, 20쪽, 39-40쪽, 46쪽, 73쪽, 91쪽)

 ## 활동 절차

1. 책 7쪽의 차례를 실물 화상기로 제시한다.
2. 각자 알고 싶거나 짐작되는 내용을 연꽃활동지에 쓰고, 활동이 끝나면 소주제 별로 전체 발표를 통해 생각을 공유한다. 이 때, 중복되는 내용은 발표를 생략한다.
3. 내용의 흐름상 중요한 장면의 그림을 실물 화상기(혹은 사전에 스캔하여 슬라이드로 제작)로 보여준다.
4. 예상되는 내용을 전체 학습으로 대략 살펴본 후에 모둠 별로 장면을 나누어서 자세히 살펴보게 한다.

### 활동 TIP

- 1차시 수업 후에 책을 모았다가 다시 배부하면, 읽지 않은 상태에서 내용을 예상할 수 있다.
- 주요 장면을 미리 스캔하거나 글을 가린 채 그림을 학생들에게 보여주는 것이 좋다.
- 각 장면을 보면서 전체 학습으로 예상한 내용을 두어 명이 발표한 후에
- 모둠 별로 한 장면씩 나누어 자세히 들여다보면서 내용을 예상하고 붙임 쪽지에 쓰게 한다.

적용 사례 1

**[차례를 보고 내용 예상하기]**

☑ 「가방 들어주는 아이」 차례를 실물 화상기로 제시한다.

☑ 각자 소주제를 선택하고 궁금하거나 예상되는 내용을 연꽃 활동지에 쓴다.

☑ 전체 발표를 통해 의견을 공유한다.

| 영택이는<br>누구인가? | 무슨 일이<br>일어났나? | 어디에서<br>일어난 일? |
|---|---|---|
| 언제<br>일어난 일인가? | 영택이<br>잘못이<br>아닌데 | 자기 잘못이<br>아닌데 일이<br>생겼을때<br>영택이의 기분은? |
| 누구와<br>상관 있는<br>일인가? | | 영택이가<br>아니면<br>누가<br>잘못했나? |

차례 보고 내용을 짐작할 수 있는 질문 찾기(1)

| 성격은 착한가? | 나쁜아이 에<br>서 착한 아이? | 어떻게 해서<br>달라졌지! |
|---|---|---|
| 친구와 잘<br>어울리나? | 달라진 영택이 | 영택이는<br>누구? |
| 어떤 점이<br>달라졌지! | 언제 달라<br>졌나? | 남자, 여자? |

차례 보고 내용을 짐작할 수 있는 질문 찾기(2)

| 생일잔치를 한<br>장소는 어디인가? | 왜 쓸쓸한<br>생일잔치인가! | 누구의<br>생일인가? |
|---|---|---|
| 부모님이<br>안계신가? | 쓸쓸한 생일잔치 | 가난한가? |
| 나쁜 아이인가? | 장애인인가? | 왕따인가! |

차례 보고 내용을 짐작할 수 있는 질문 찾기(3)

| 어떤 모범<br>을 보였을까? | 성장을 받았<br>을때 기분은<br>어때을까요. | 느낌은 어떠<br>을 까요? |
|---|---|---|
| 모범 성장<br>내용은 무엇일<br>까? | 모범 상장 | 모범 성장<br>을 누가 주<br>셨을까? |
| 모범 성장을<br>누가 받을<br>까? | 어떤 모범<br>을 보였을까? | 모범 성장을<br>왜 받았을까? |

차례 보고 내용을 짐작할 수 있는 질문 찾기(4)

29

## [그림을 보고 내용 예상하기]

☑ 이야기의 흐름 상 중요한 장면을 선정하여 전체 학생에게 제시한다.

☑ 함께 그림을 보고 대강의 내용을 살펴본다.(눈에 띄는 것을 2–3명 정도 발표)

☑ 모둠 별로 장면을 나누어서 자세히 들여다보고 예상되는 내용을 붙임 쪽지에 써서 붙인 후 전체에게 발표한다.

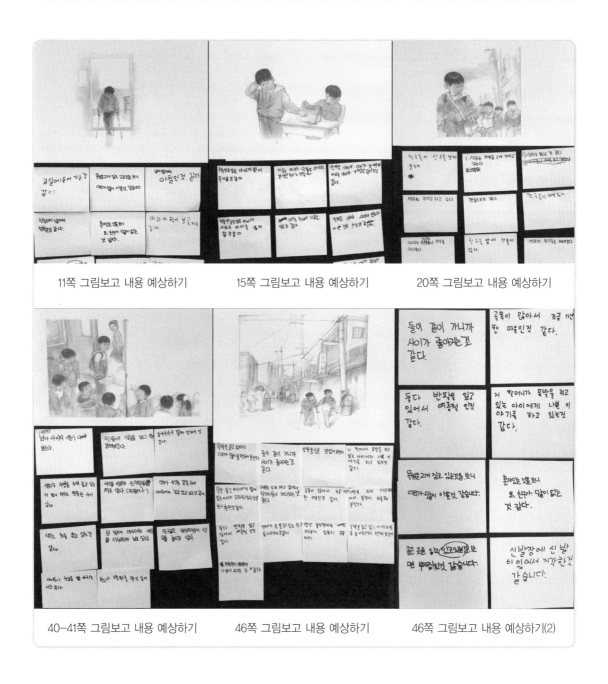

11쪽 그림보고 내용 예상하기

15쪽 그림보고 내용 예상하기

20쪽 그림보고 내용 예상하기

40–41쪽 그림보고 내용 예상하기

46쪽 그림보고 내용 예상하기

46쪽 그림보고 내용 예상하기(2)

# 차례를 보고 내용 예상하기

| | 초등학교 | | 학년 | | 반  이름 | |

※ 책의 차례에 나오는 소주제를 보고 내용을 예상해봅시다.

|  |  |  |
| --- | --- | --- |
|  | 선택한 소주제 |  |
|  |  |  |

# 어려운 낱말 찾아 익히며 통독하기

초등학교 4학년 이상이 되면 대부분의 고급어휘는 독서를 통해서 익히게 된다. 대화를 통해서 익힐 수 있는 고급어휘는 적다고 한다. 이 때 대부분의 고급어휘는 독서를 통해서 익히게 된다. 글을 읽으면서 어려운 낱말이나 또는 막연히 알고 있지만 정확하게 설명할 수 없는 낱말을 사전에서 찾아서 정리해 보도록 한다. 이런 활동은 한 권의 책을 통해서 수많은 어휘력이 확장되는 학습이 된다.

글을 읽어 나가면서 어려운 낱말에 표시를 하고, 문맥을 통해 내용을 짐작한다. 국어사전에서 정확한 낱말의 뜻을 확인하고 그 낱말을 활용하여 문장을 만들어 보면 깊이 낱말을 이해하게 된다.

## 관련 성취기준

[4국02–03] 글에서 낱말의 의미나 생략된 내용을 짐작한다.

[4국04–01] 낱말을 분류하고 국어사전에서 찾는다.

[4국04–02] 낱말과 낱말의 의미 관계를 파악한다.

## 관련 구절

[잿빛] 코트를 입은 아주머니 한 분이 조심스럽게 고개를 숙여 인사를 했습니다.

"선생님, 안녕하세요? 이 반에 [배정] 된 민영택이 엄마입니다."

"아, 그러세요? 그런데 영택이는요?"

"여기 있습니다."

아주머니 뒤로 영택이라는 아이가 들어왔습니다.

## 활동 절차

1. 글을 읽어 나가면서 어려운 낱말에 네모로 표시한다.
2. 낱말의 의미를 해결하는 첫째 방법은 글의 맥락 속에서 대강의 뜻을 짐작한다
3. 자신이 짐작한 뜻이 맞는지 국어사전에서 찾아 확인해 본다.
4. 사전에서 찾은 뜻을 낱말 탐구 공책에 쓴다.
5. 낱말을 이용하여 짧은 문장을 만들어 봄으로서 확실하게 내면화 한다.

▶ **활동 TIP**

○ 낱말 탐구 공책을 준비하여 활용하면 효과적이다.
○ 평소 수업 시간이나 독서활동 시에도 어려운 낱말을 낱말 탐구 공책에 정리해 두면 어휘력 향상에 매우 도움이 된다.

**[적용 사례]**

☑ 어려운 낱말이 나오면 문맥상에서 낱말의 뜻을 짐작해 볼 수 있다.

☑ 낱말을 찾을 때에는 스마트폰으로 쉽게 찾을 수 있으나 사전을 찾아가며 활용하기를 권장한다.

☑ 한 학기에 1회 정도 낱말 탐구공책 시상을 하는 것으로 학습 동기를 더욱 강화할 수 있다.

| 낱말 | 낱말의 뜻을 찾고, 문장 만들기 |
|---|---|
| 잿빛 | • 재와 같은 색깔<br>• 나는 잿빛의 색깔을 가장 좋아한다 |
| 목발 | • 다리가 불편한 사람이 걷거나 설 때 겨드랑이에 대고 짚는 지팡이<br>• 나는 목발을 짚고 가는 분을 도와주었다 |
| 장애아 | • 어떤 신체기관이 온전히 제 기능을 발휘하지 못하는 아이<br>• 장애아를 차별하지 말자 |
| 말투 | • 말에서 드러나는 독특한 방식이나 느낌<br>• 나는 어릴 적 부산에 살아서 말투가 특이하다 |
| 꾸뻣<br>무뻣 | • 부끄럽거나 무서워서 쉽게 나서지 못하고 자꾸 몹시 머뭇거리는 모양을 나타내는 말<br>• 나는 새학기에 새로운 친구들과 같은 반이 되어 쭈뼛쭈뼛 서있었다 |
| 개수 | • 재물이나 좋은 일이 생길 수 있는 운수<br>• 오늘 학교 가는 길에 개똥을 밟았다. 오늘은 개수 없는 날인가보다 |
| 절뚝이 | • 걸을 때에 몸의 균형이 갈리지 않고 심하게 다리를 저는 사람<br>• 교통사고를 당해 절뚝이가 될 뻔 하였다 |
| 개학날 | • 학교에서 방학이 끝난 후 수업을 시작하는 첫 날<br>• 개학날 설레는 마음으로 교실에 들어섰다. 앞으로 친구들과 친하게 지내고 싶다 |

| 9 | 연문 | 옛날에 한글을 낮추어 이르던 말<br>• 강이는 연문을 좋아한다 |
|---|---|---|
| 10 | 미시 | 오후 한 시에서 세시 사이<br>• 미시까지 강이는 도착해야 한다 |
| 11 | 여우 | 웃입을 모양새<br>• 강이는 옷매무새 정리했다 |
| 12 | 수양딸 | 남의 자식을 데려다가 자기 자식으로 삼은 딸<br>• 낙심이는 수양딸이다 |
| 13 | 낙심 | 바라던 일이 마음대로 되지않아 속상한 것<br>• 아버지는 낙심했다 |
| 14 | 기생 | 옛날에 잔치나 술자리에서 노래하고 춤추면서 흥을 돋움<br>• 낙심이는 기생이다 |
| 15 | 풍상 | 풍속 평 같은 없는 듯<br>• 강이는 풍상을 받아 기뻤다 |
| 16 | 송아끼 | 코끼리 커나네 많은 책걸피<br>• 동그리 어른께 송아끼를 보냈었다 |
| 17 | 핀잔 | <br>• 강이는 핀잔을 먹어 두었다 |
| 18 | 비정함 | 정없이 모질다<br>• 귀글게비는 비정하다 |
| 19 | 한 강 | 예쁜 삼<br>• 할아버지가 목에 풍을 맞았었다 |
| 20 | 왕제 | 깡패 |

학생 활동지

# 어려운 낱말을 찾아 익히며 통독하기

초등학교 [ ] 학년 [ ] 반  이름 [ ]

**1**  글을 읽으면서 어려운 낱말에 ◯를 표시해 봅시다.

**2**  표시한 낱말을 사전에서 찾아 그 뜻을 쓰고, 낱말을 넣어 짧은 문장을 만들어 봅시다.

※ 아래 예시처럼 낱말탐구 공책을 만들어 활용해 봅시다.

| 순 | 낱 말 | 낱말의 뜻을 찾고, 문장 만들기 | | |
|---|---|---|---|---|
| 예시 | 개학날 | 사전에서 찾은 뜻 | 학교에서 방학이 끝난 후 수업을 시작하는 첫 날 | |
| | | 문장 만들기 | 설레는 마음으로 개학날 교실에 들어섰는데 친구들이 아무도 오지 않았다. | |
| 1 | | | | |
| | | | | |
| 2 | | | | |
| | | | | |
| 3 | | | | |
| | | | | |
| 4 | | | | |
| | | | | |

# 핵심 낱말 탐구하기

이야기 속에서 핵심이 될 낱말을 골라 좀 더 깊이 있게 탐구보고 낱말과 관련된 다양한 연결고리를 떠올려 본다. 핵심 낱말에 대한 뜻을 알아보고 나름대로 정의를 하고, 친구들과 토의·토론을 함으로서 글의 주제에 대하여 보다 깊은 이해를 도울 수 있다.

「가방 들어 주는 아이」에서는 '장애인', '우정', '친구' 등을 핵심 낱말로 뽑을 수 있을 것이다. 선택한 낱말에 대하여 평소 자기의 생각, 사전적 의미, 비슷한 말, 반대말 등을 찾아보고 그 낱말이 쓰일 만한 상황 등을 활동을 통하여 찾아본다. 활동할 낱말로 '장애인'를 선정하였다면 장애인에 대한 평소의 생각과 장애인들과 함께할 수 있는 것과 배려에 대하여 서로 토의를 해 볼 수 있을 것이다.

 **관련 성취기준**

[4국04-02] 낱말과 낱말의 의미 관계를 파악한다.

[4국01-06] 예의를 지키며 듣고 말하는 태도를 지닌다.

 **관련 구절**

"야, 쟤는 왜 가방을 두 개나 들었나?"

"공부 못하는 앤가 봐."

"아냐, 아냐, 숙제를 많이 했나 봐"

"바보 아냐?"

보는 아이들마다 석우에게 약을 올렸습니다.

"이거 내 가방 아니야! 찔뚝이 거야~"

찔뚝이는 영택이 별명입니다. 목발을 짚고 휘청휘청 걷기 때문에 아이들은 영택이를 그렇게 말합니다.

 **활동 절차**

1. 이야기 속 핵심 낱말을 선정한다.

2. 자신이 생각하는 뜻을 먼저 생각해 본 후 사전에서의 뜻을 찾아본다.

3. 모둠별로 핵심 낱말에 대해 토의한 후 발표한다.

4. 핵심 낱말에 대해 모둠 문장 만들기를 해서 정의를 해 본다.

▶ **활동 TIP**

◦ 막연히 알고 있었던 낱말의 의미를 사전에서 정확한 의미를 찾고 외워 두는 것이 좋다.

◦ 문장 바꿔 쓰기를 할 때는 개인 활동 후 모둠 활동으로 하면 더욱 다양한 내용을 얻을 수 있다.

◦ 평소 생각하고 있었던 것을 토의를 통해 실천할 수 있도록 다짐해 본다.

☑ 개인적인 생각을 붙임 종이에 먼저 써 본 후 돌아가면 말하기로 모둠 친구들의 이야기를 들어 본다. 기록이는 모둠 활동지에 모둠 친구들의 내용을 정리하여 발표를 한다.

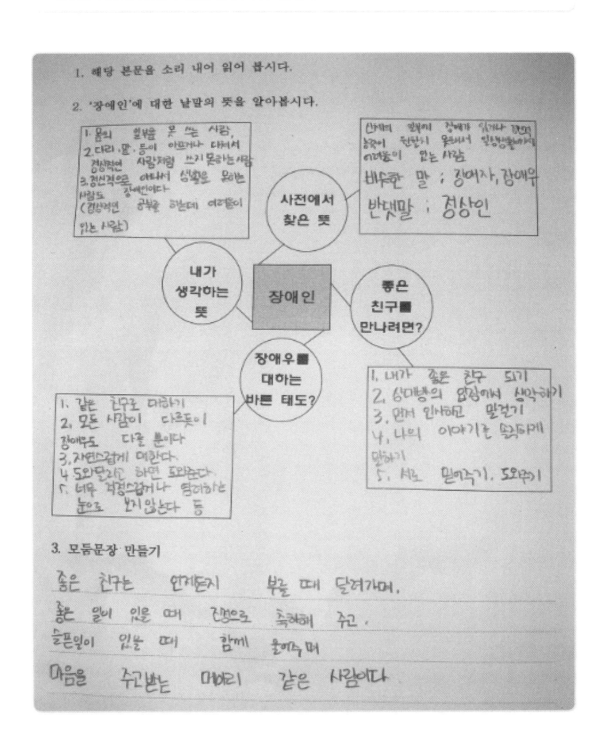

1. 해당 본문을 소리 내어 읽어 봅시다.

2. '장애인'에 대한 낱말의 뜻을 알아봅시다.

내가 생각하는 뜻

1. 몸의 일부를 못 쓰는 사람,
2. 다리·말·등이 아프거나 다쳐서 정상적인 사람처럼 쓰지 못하는 사람
3. 정신적으로 어려서 생활을 모르는 사람도 장애인이다.
(경련하면 공부를 하는데 여려들이 있는 사람)

사전에서 찾은 뜻

신체의 일부에 장애가 있거나 정신 능력이 원만치 못해서 일상생활이나 사회 생활에 어려움이 있는 사람

비슷한 말 ; 장애자, 장애우
반댓말 ; 정상인

장애인

좋은 친구를 만나려면?

1. 내가 좋은 친구 되기
2. 상대방의 입장에서 생각하기
3. 먼저 인사하고 말걸기
4. 나의 이야기를 솔직하게 말하기
5. 서로 믿어주기, 도와주기

장애우를 대하는 바른 태도?

1. 같은 친구로 대하기
2. 모든 사람이 다르듯이 장애우도 다를 뿐이다
3. 자연스럽게 대한다.
4. 5와 같으면 하면 도와준다.
5. 너무 걱정스럽거나 불쌍하는 눈으로 보지않는다 등

3. 모둠문장 만들기

좋은 친구는 언제든지 부를 때 달려가며,

좋은 일이 있을 때 진심으로 축하해 주고,

슬픈일이 있을 때 함께 울어주며

마음을 주고받는 머리 같은 사람이다

36

# 핵심 낱말 탐구하기

초등학교 □ 학년 □ 반 이름 □

**1** 해당 본문을 소리 내어 읽어 봅시다.

**2** '장애인'에 대한 낱말의 뜻을 알아봅시다.

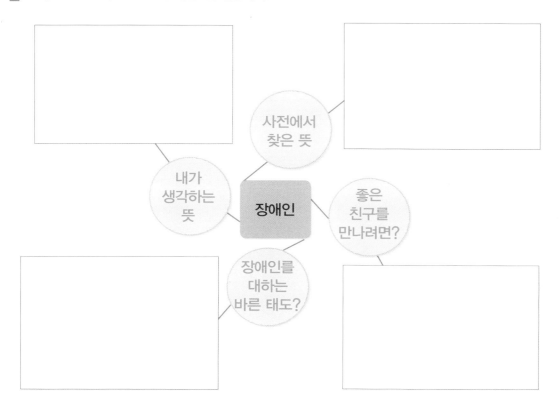

내가
생각하는
뜻

사전에서
찾은 뜻

장애인

좋은
친구를
만나려면?

장애인를
대하는
바른 태도?

**3** 모둠문장 만들기

# 석우 따라 가보기

작품 속 인물은 다양한 장소를 이동하면서 이야기를 전개한다. 이야기의 3요소 중 하나인 배경에는 공간적 배경, 시간적 배경으로 나눌 수 있다. 주인공인 석우가 이동했던 장소를 따라가면서 이야기의 전체 흐름을 다시 알아보는 활동이다.

장소를 따라가다 보면 학생들은 이야기의 사건과 그 곳에서 주인공이 한 일이나 생각하였던 것이 자연스럽게 떠오를 것이다. 그리고 장소에 따라 책에 그려진 곳도 있고 그림으로 표현되지 않은 곳도 있다.

이러한 활동은 수동적인 텍스트의 수용이 아니라 깊고 넓은 읽기의 중요한 과정이라고 할 수 있다.

 ## 관련 성취기준

[4국05–02] 인물, 사건, 배경에 주목하며 작품을 이해한다.

 ## 관련 구절

글 전체

 ## 활동 절차

1. 장소와 관련된 내용을 책에 표시하며 다시 한 번 훑어 읽는다.
2. 표시된 장소를 중요한 곳과 중요하지 않은 곳으로 분류한다.
3. 장소를 6개 정도로 간추린다.
4. 활동지에 장소 이름을 먼저 적는다.
5. 그 곳에서 주인공이 무엇을 했는지 생각한다.
6. 장소와 사건을 연결하여 그림을 그린다.

**▶ 활동 TIP**

○ 통독을 여러 번 할 때 미리 인물, 사건, 배경 등에 표시를 해놓을 수 있도록 한다.
○ 책에 그림으로 그려지지 않은 장소는 상상해볼 수 있도록 한다.
○ 그림을 간략하게 그릴 수 있도록 한다.

적용 사례

### [주인공 석우가 갔던 길을 가보아요]

☑ 이야기를 통독한 후 인물이 갔던 장소에 표시를 한다.

☑ 석우가 갔던 장소 중에 중요한 곳 6개를 활동지에 적는다.

☑ 그 장소에서 인물이 한 일과 일어났던 사건을 생각하며 그림을 그린다.

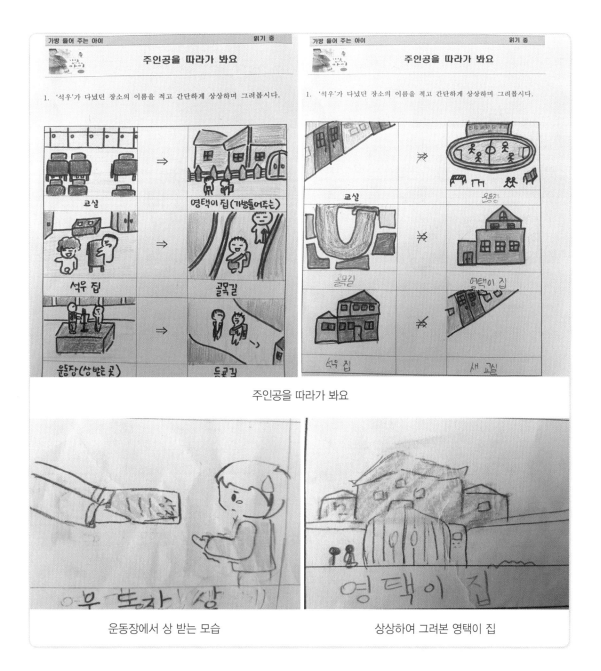

주인공을 따라가 봐요

운동장에서 상 받는 모습

상상하여 그려본 영택이 집

# 석우 따라 가보기

|  | 초등학교 |  | 학년 |  | 반 이름 |  |

※ '석우'가 다녔던 장소의 이름을 적고 간단하게 상상하며 그려봅시다.

|  |  |  |
|---|---|---|
|  | → |  |
| 교실 |  |  |
|  | → |  |
|  | → |  |

# 감정그래프 그리기

감정그래프 그리기는 사건에 따른 인물의 감정을 그래프에 점으로 표시하고 그 점들을 이어서 인물의 감정 변화를 알아보는 활동이다.

감정그래프 그리는 활동을 하기 위해서는 시간의 순서로 일어난 사건을 정리해야 하는데, 이것은 이야기 전체의 내용을 이해하고 오래 기억하기 위해서 매우 좋은 방법이다.

학급 전체 토의를 통해 사건을 정리하고 감정그래프 그리는 활동을 하면서 책속의 인물에게 느꼈던 감정을 다시 확인할 수 있으며, 인물의 삶을 보다 깊이 이해할 수 있다.

 ## 관련 성취기준

[4국05-02] 인물, 사건, 배경에 주목하며 작품을 이해한다.
[4국05-04] 작품을 듣거나 읽거나 보고 떠오른 느낌과 생각을 다양하게 표현한다.

 ## 관련 구절

〈차례〉

- 개학날 맡은 임무
- 가방 두 개 멘 아이
- 영택이 잘못이 아닌데
- 쓸쓸한 생일잔치
- 달라진 영택이
- 모범 상장

 ## 활동 절차

1. 차례에 있는 소제목을 중심으로 인물의 감정이 드러난 주요 사건을 찾아본다.
2. 사건에 따른 인물의 감정을 알아본다.
3. 감정그래프를 그리고 감정의 이름도 붙인다.
4. 완성된 그래프를 친구들과 비교해보고 토의한다.

**활동 TIP**

- 주요 사건을 정리하는 방법은 학급 전체, 모둠, 짝 활동 중 학급 실정에 맞는 방법을 선택할 수 있다.
- 석우의 감정 대신, 영택이의 감정이나 독자인 나의 감정 그래프 그리기를 할 수도 있다.
- 사건에 따른 인물의 감정에 대해 토의한 후 그래프를 만들어도 되고, 그래프를 만든 후 토의를 해도 좋다.

적용 사례

## 1 주요 사건 정리하기

| 소제목 | 사건 |
|---|---|
| 개학날 맡은 임무 | ① 석우는 집이 가깝다는 이유로 목발을 짚고 걷는 영택이의 가방을 들어주는 아이가 되었다. |
| 가방 두 개 멘 아이 | ② 석우는 매일 아침 가방 두 개를 메고 학교에 갔다.<br>③ 친구들과 축구를 하느라 가방을 늦게 갖다 주었는데도 영택이 엄마는 수고했다고 초콜릿을 주었다.<br>④ 문방구아저씨가 친구의 가방을 들어주는 모범생이라고 사탕을 주었다. |
| 영택이 잘못이 아닌데 | ⑤ 친구들은 영택이 가방을 들어다주느라 청소와 주번을 안하는 석우를 부러워했다.<br>⑥ 여름날 땀에 젖어 걷는 영택이의 뒤를 따르던 석우는 수군거리는 할머니들의 이야기를 듣게 되었다. |
| 쓸쓸한 생일잔치 | ⑦ 석우는 영택이의 생일에 초대를 받았다.<br>⑧ 생일 초대에 두 명만 온 걸 알고 영택이는 슬퍼했다. |
| 달라진 영택이 | ⑨ 영택이어머니가 석우에게 오리털 파카를 선물로 주었다.<br>⑩ 겨울방학동안 수술을 받은 영택이는 목발 대신 지팡이만 짚고 나타났다.<br>⑪ 3학년의 학반 배정을 받은 석우는 영택이와 다른 반이 되었다. |
| 모범 상장 | ⑫ 개학식에서 석우는 모범상을 받고 엉엉 울었다. |

## 2 감정 그래프 그리기

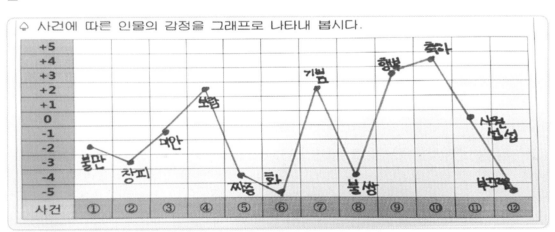

# 감정 그래프 그리기

초등학교 [    ] 학년 [    ] 반  이름 [                    ]

**1**  책 속의 주요 사건을 시간의 순서대로 나열해 봅시다.

| ① | ② | ③ |
|---|---|---|
| ④ | ⑤ | ⑥ |
| ⑦ | ⑧ | ⑨ |
| ⑩ | ⑪ | ⑫ |

**2**  사건에 따른 인물의 감정을 그래프로 나타내 봅시다.

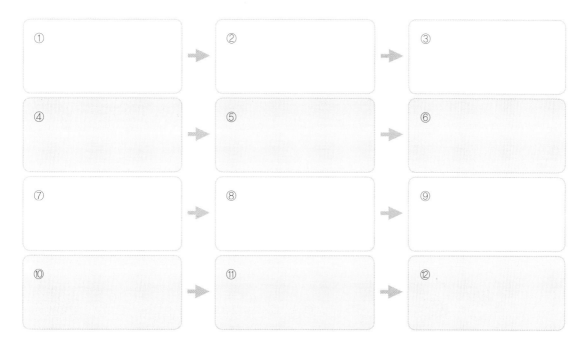

| | ① | ② | ③ | ④ | ⑤ | ⑥ | ⑦ | ⑧ | ⑨ | ⑩ | ⑪ | ⑫ |
|---|---|---|---|---|---|---|---|---|---|---|---|---|
| +5 | | | | | | | | | | | | |
| +4 | | | | | | | | | | | | |
| +3 | | | | | | | | | | | | |
| +2 | | | | | | | | | | | | |
| +1 | | | | | | | | | | | | |
| 0 | | | | | | | | | | | | |
| −1 | | | | | | | | | | | | |
| −2 | | | | | | | | | | | | |
| −3 | | | | | | | | | | | | |
| −4 | | | | | | | | | | | | |
| −5 | | | | | | | | | | | | |
| 사건 | ① | ② | ③ | ④ | ⑤ | ⑥ | ⑦ | ⑧ | ⑨ | ⑩ | ⑪ | ⑫ |

가방 들어주는 아이 7
읽기 후

# 책 속 인물에게 인터뷰하기

기자가 되거나 이야기 속 주인공이 되어 이야기에서 전개되는 사건에 관해 묻고 답하는 활동이다.

이야기 속에는 이야기를 이끌어 가는 주인공과 주변 인물이 있으며, 주인공과 주변 인물은 대치되거나 상반되는 관계에 있다. 이야기를 읽고 내용을 알아가는 단계에서 한 걸음 더 나아가 이야기 속 주인공이 되거나, 또는 작가가 되어 궁금해 할 만 한 사실이나 내용 파악에 관련된 사항에 대해 묻고 답하는 과정을 가짐으로써 이야기에 대한 깊은 이해와 재미를 갖게 된다.

이 활동은 작가의 의도나 등장인물의 심리 및 내용을 파악하는 데 도움이 될 것이다.

## 🔑 관련 성취기준

[4국01-03] 원인과 결과의 관계를 고려하며 듣고 말한다.

## 🔑 관련 구절

글 전체

## 🔑 활동 절차

1. 내가 기자라면 누구에게 어떤 질문(궁금한 사실, 내용 파악 관련)을 할 것인지 적어본다. 이때, 전체 학생이 기자가 되어 한 가지 이상 질문을 만든다.
2. 등장인물(영택, 석우, 문구점 아저씨 등) 중 자신이 하고 싶은 역할을 정하고, 질문(궁금해 할 사실이나 내용 파악)에 대한 답변 내용을 정리한다.
3. 기자와 등장인물이 되어 인터뷰한다.

#### ◢ 활동 TIP

○ 인터뷰 역할에 필요한 역할머리띠나 모형마이크를 준비한다.
○ 일반적으로 인터뷰는 등장인물과 비슷한 성격의 친구에게 배역을 맡기는 것이 효과적이나, 본 활동에서는 희망자에게 배역을 맡기는 것이 좋겠다.
○ 배역을 맡은 학생은 등장인물의 심리와 행동을 정확하게 파악하여 적절한 인터뷰가 될 수 있도록 한다.

## 1 내가 기자라면 : 질문 만들기

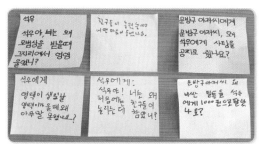
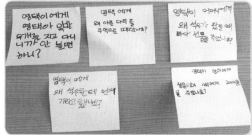

## 2 역할 정하기(기자 / 영택, 석우, 문구점 아저씨 등)

## 3 등장인물이 되어 : 질문에 대한 답변 적어보기

**영택**
- 생일날, 왜 아픈 다리를 때리며 울었나요? (생일파티에 친구들이 오지 않은 것이 바로 장애 때문이라고 생각하니 잘 움직이지 못하는 다리가 원망스러웠습니다.)

**석우**
- 상장을 받았을 때 왜 울었는지 그 때의 마음을 말씀해 주세요. (영택이에게 잘 하지도 못했는데 착하다고 상을 주니 그동안 툴툴대고 짜증내었던 일이 생각나 미안한 마음이 들었습니다.)

**문구점 아저씨**
- 비싼 필통을 왜 천 원에 주었나요? (석우가 아픈 친구를 도와줘서 칭찬하려고)

## 4 인터뷰 하기

# 책 속 인물에게 인터뷰하기

[              ] 초등학교 [    ] 학년 [    ] 반 이름 [              ]

※ 기자가 되어

**1** 누구를 인터뷰하고 싶나요?

......................................................................................................

......................................................................................................

**2** 궁금한 내용이 무엇인지 질문할 내용을 써 봅시다.

......................................................................................................

......................................................................................................

※ 등장인물이 되어

**1** 등장인물 중 어떤 배역으로 인터뷰하고 싶나요?

......................................................................................................

......................................................................................................

**2** 답변하고 싶은 질문과, 답변 내용을 써 봅시다.

| 〈질문〉 | |
|---|---|
| 〈답변〉 | |

# 이야기 속 인물 관계도 만들기

이야기 속의 인물(character)은 이야기 속 행위를 수행하는 대행자로서 사람, 또는 의인화된 동물이나 사물이라고 정의할 수 있다. 이야기 속의 인물 설정은 매우 중요하고, 플롯이 등장인물을 위한 구성이며 주제 역시 인물을 통해서만 구현된다. 문학 작품 속 크고 작은 사건들의 중심에는 언제나 인물이 존재한다. 책 속의 인물은 이야기를 이끌어가는 힘이며 중심이 되므로 작중 인물에 대한 이해는 곧 이야기에 대한 이해로 연결된다.

따라서 이야기 속 인물 관계도를 만들어 봄으로써 각 인물과 인물간의 관계 및 이야기를 좀 더 깊이 있게 이해할 수 있는 계기가 되고, 또 내가 등장시키고 싶은 인물도 설정해 봄으로써 새로운 이야기를 만들 수 있는 상상력도 자극할 수 있다.

 ## 관련 성취기준

[4국05-02] 인물, 사건, 배경에 주목하며 작품을 이해한다.

 ## 관련 구절

〈글 전체〉

드르륵 문이 열리는 소리가 나더니 2학년 2반 교실 안으로 누군가 들어섰습니다. 조기준 선생님과 아이들의 눈이 한꺼번에 문 쪽으로 쏠렸습니다. 잿빛 코드를 입은 아주머니 한 분이 조심스럽게 고개를 숙여 인사했습니다. "선생님, 안녕하세요? 이 반에 배정된 민영택이 엄마입니다."

 ## 활동 절차

1. 이야기 속의 인물과 이름을 모두 조사한다.
2. 각 인물과의 관계를 이어줄 수 있는 주제어를 찾는다.
3. 각 인물과의 관계를 정리할 수 있는 맵을 이미지화 한다.
4. 주제어에 알맞은 맵을 결정하고 인물의 관계도를 그린다.
5. 모둠에서 돌아가며 발표하고 전체 앞에서 발표한다.
6. 각 모둠에서 설정한 인물관계도를 칠판나누기로 전시한다.
7. 다른 모둠의 인물 관계도를 탐색하며 이야기 속의 인물 관계도를 확장한다.

### 활동 TIP

• 이야기를 읽으며 등장하는 인물을 조사하여 허니 보드에 적어 인물의 관계망을 다양하게 연결해 보는 것이 좋다.
• 인물과의 관계를 알 수 있는 주제어를 찾아 관계망을 만든다.

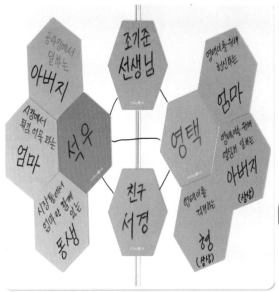

석우와 영택이는 친구
-가족의 특징 기술하기-

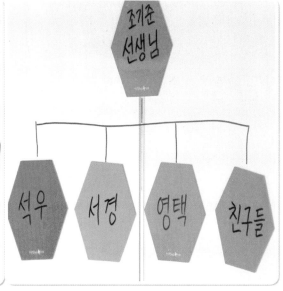

2-2반 선생님과 친구들 관계도
-반 친구들의 특징 기술 해보기-

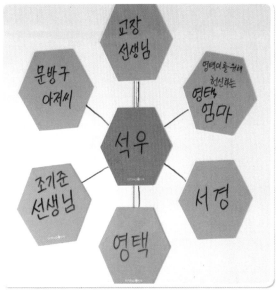

석우를 칭찬하는 인물 관계도
석우를 칭찬 할 것 같은 인물

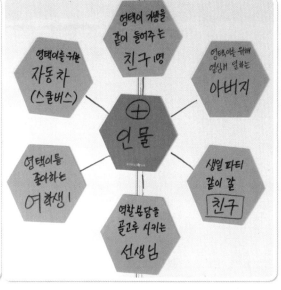

내가 작가라면?
등장 시키고 싶은 인물 더하기

48

# 이야기 그림 조각보 꾸미기

이야기 조각보 만들기 활동은 이야기를 훑어 읽기로 한 번 읽은 후에 활동하거나, 책 내용을 다 공부한 후에 마무리 활동으로 해 볼 수 있는 활동이다.

이야기를 읽고 떠오르는 장면들을 꺼내어 조각보(색종이)에 그려 보는 활동으로 이야기의 장면 그림을 연결하여 이야기의 줄거리를 만들어 보게 한다. 본 활동에서는 먼저 이야기 속에 나오는 장면 말하기로 생각을 열고, 모둠친구들과 나누어 장면 그림을 그리고 함께 모아 한지에 순서대로 이어 붙인다.

장면 그림을 이어 붙인 조각보가 완성되면 그림으로 이야기 줄거리를 함께 말해 보게 하여 이야기의 흐름과 연관 지어 짜임새 있는 글의 구성력을 기르게 한다. 또한, 모둠 활동이나 반 전체 활동으로 서로 함께 도우며 협동하고 배려하는 마음을 기르게 한다.

## 관련 성취기준

[4국05-04] 작품을 듣거나 읽거나 보고 떠오른 느낌과 생각을 다양하게 표현한다.

## 관련 구절

글 전체

## 활동 절차

1. 학급 전체로 이야기 장면을 모둠 수에 맞게 나눈다.
2. 활동지(연한색 색종이)에 싸인펜(색연필)으로 이야기 장면을 그린다.
3. 이야기 장면을 떠올리거나 생각이나 느낌이 드러나게 장면을 그린다.
4. 모둠으로 나누어 맡은 장면 그림을 순서대로 잇는다.
5. 모둠에서 만든 조각보를 순서에 맞게 전체로 함께 이어 붙인다.
6. 완성된 이야기 조각보를 보고 줄거리를 이어 말해 보게 한다.

### 활동 TIP

- 모둠이 한 팀이 되어 활동하게 한다.
- 모둠이 중복되지 않게 전체 이야기를 장면으로 나눈다.
- 모둠에게 주어진 이야기의 장면을 모둠 친구들과 의논하지 않고 그리게 한다.
- 색종이에 그린 장면들을 다 이어 붙일 수 있는 큰 한지를 준비한다.
- 한지는 조각보의 느낌도 들고 접어서 보관이 가능하다.

이야기 그림 조각보 아동 작품

### 〈이야기 줄거리 말하기〉

1. 2학년 첫날, 목발을 짚고 얼굴이 하얀 영택이가 전학을 왔다.
2. 선생님의 부탁으로 영택이 가방을 들어주게 된 석우에게 가방을 건네주고 있다.
3. 석우가 가방을 들고 가다 돌아보면 영택이는 이제야 학교 운동장을 걷고 있다.
4. 매일 아침 가방을 두 개 들고 등교하는 석우를 보고 친구들은 석우를 놀렸다.
5. 석우는 친구들에게 자기 것이 아니라고 고함을 질렀다.
6. 석우는 가방을 골대 옆에 두고 오랜만에 친구들과 축구를 하고 있다.
7. 영택이의 가방을 가져다주고 나오는데 영택이 어머니가 고생했다며 초콜릿을 주었다.
8. 문방구 아저씨가 모범생이라고 막대 사탕을 석우에게 주었다.
9. 영택이를 힐끔거리며 떠들던 할머니들은 석우가 나타나자 아무 말도 하지 못했다.
10. 영택이는 석우에게 고맙다고 말하고 석우는 영택이와 함께 집으로 갔다.
11. 문방구 아저씨는 석우가 산 영택이의 생일선물인 필통을 예쁘게 포장하여 주었다.
12. 영택이의 집에 생일초대로 온 친구는 석우와 서경이 둘 뿐이었다.
13. 영택이 어머니가 석우에게 그동안 고마웠다고 영택이가 준비한 오리털파카를 주었다.
14. 수술로 목발 하나만 짚게 된 영택이를 보고 친구들이 함께 기뻐하였다.
15. 3학년이 된 첫날, 영택이 집에 가지 않은 석우는 후회를 하며 고개를 들지 못했다.
16. 석우는 교장선생님께 모범상을 받고는 그 자리에 주저앉아 소리내어 울고 말았다.

## 이야기 그림 조각보 꾸미기

초등학교 　　 학년 　　 반　이름 　　

**1** 「가방 들어주는 아이」를 읽고 주어진 장면의 그림을 색종이에 그려 봅시다.

　

**2** 장면 그림을 모아 이야기 순서대로 한지에 붙이고 조각보를 완성해 봅시다.

**3** 내가 그린 그림 조각보의 이야기 내용을 쓰고 친구들의 조각보 그림을 모아 줄거리를 말해 봅시다.

# 이야기 비빔밥 만들기

이야기 비빔밥 만들기 활동은 이야기를 훑어 읽기로 한 번 읽은 후에 활동하거나, 책 내용을 다 공부한 후에 마무리 활동으로 해 볼 수 있는 활동이다.

이야기를 읽고 떠오르는 낱말이나 느낌, 생각들을 꺼내어 활동지(비빔밥 그릇 그림)에 써 보는 활동으로 이야기의 장면이나 느낌을 떠올려 보게 한다. 본 활동에서는 먼저 이야기 속에 나오는 낱말을 중심으로 생각을 열고, 이야기를 통해 떠오르는 생각이나 느낌을 다양하게 표현한다.

이야기 비빔밥이 완성되면 비빔밥 그릇 속에 들어 있는 낱말 5~6개를 선택하여 짧은 이야기를 만들어 봄으로써 주어진 낱말을 구성하여 글을 지어 보게 하여 창작력과 글의 구성력을 기르게 한다. 또한, 이야기의 장면이나 내용을 떠올려 연상하여 보고, 이야기의 느낌이나 감동을 느껴보는 활동으로 어휘력을 풍부하게 하고 감상력과 상상력을 기르게 한다.

 ### 관련 성취기준

[4국05-04] 작품을 듣거나 읽거나 보고 떠오른 느낌과 생각을 다양하게 표현한다.

 ### 관련 구절

글 전체

 ### 활동 절차

1. 활동지에 이야기 속 떠오르는 낱말을 쓴다.
2. 이야기를 떠올려 보고 생각이나 느낌을 쓴다.
3. 비빔밥 그릇 안에 낱말을 채워 쓴다.
4. 떠오르는 낱말과 생각과 느낌 표현하는 낱말을 쓸 때 색을 구분하여 쓰도록 한다.
5. 쓴 낱말 속에서 무작위로 5~6개의 낱말을 선정하여 짧은 글을 쓴다.
6. 모둠별로 지은 이야기를 서로 발표한다.

#### 활동 TIP

○ 짝(모둠)과 함께 한 팀이 되어 활동하게 한다. 활동지는 A4 가로 크기가 적당하다.
○ 짝(모둠)과 중복된 낱말이 나와도 괜찮으니 짝이 쓰는 낱말에는 서로 관여하지 않는다.
○ 비빔밥 그릇이 풍성하게 짧은 시간 안에 되도록 많은 낱말을 떠올려 쓰게 한다.
○ 좋아하는 색 싸인펜을 사용하여 그릇 그림 안을 채워 간다.
○ 글씨를 반듯하게 바라보는 방향으로 쓰지 않고 여러 방향으로 하여 써도 무방하다.

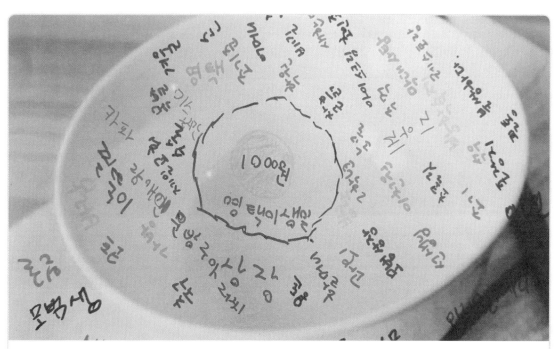

이야기 비빔밥 완성 작품 1

이야기 비빔밥 완성 작품 2

## 적용 사례 2

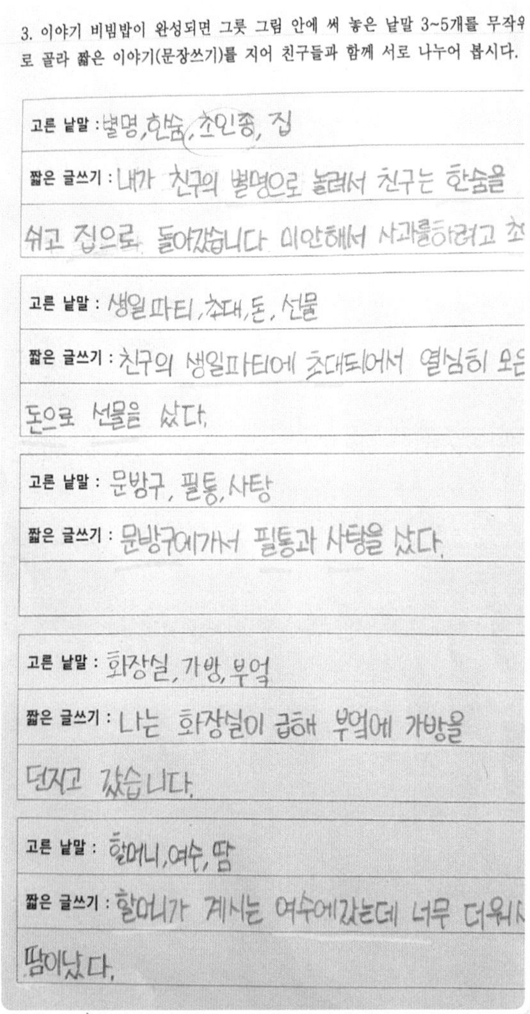

3. 이야기 비빔밥이 완성되면 그릇 그림 안에 써 놓은 낱말 3~5개를 무작위로 골라 짧은 이야기(문장쓰기)를 지어 친구들과 함께 서로 나누어 봅시다.

고른 낱말: 별명, 한숨, 초인종, 집

짧은 글쓰기: 내가 친구의 별명으로 놀려서 친구는 한숨을 쉬고 집으로 돌아갔습니다 미안해서 사과를하려고 초

고른 낱말: 생일파티, 초대, 돈, 선물

짧은 글쓰기: 친구의 생일파티에 초대되어서 열심히 모은 돈으로 선물을 샀다.

고른 낱말: 문방구, 필통, 사탕

짧은 글쓰기: 문방구에가서 필통과 사탕을 샀다.

고른 낱말: 화장실, 가방, 부엌

짧은 글쓰기: 나는 화장실이 급해 부엌에 가방을 던지고 갔습니다.

고른 낱말: 할머니, 여수, 땀

짧은 글쓰기: 할머니가 계시는 여수에갔는데 너무 더워서 땀이났다.

낱말 선정하여 짧은 글쓰기 활동 1

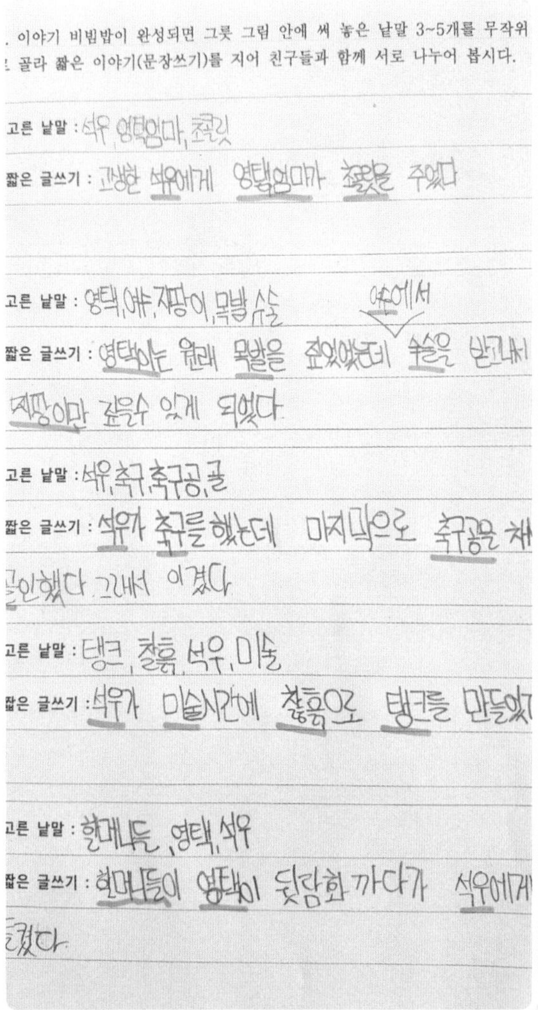

. 이야기 비빔밥이 완성되면 그릇 그림 안에 써 놓은 낱말 3~5개를 무작위
로 골라 짧은 이야기(문장쓰기)를 지어 친구들과 함께 서로 나누어 봅시다.

고른 낱말: 석우, 영택엄마, 초콜릿

짧은 글쓰기: 고생한 석우에게 영택엄마가 초콜릿을 주었다

고른 낱말: 영택, 여수, 지팡이, 목발, 수술

짧은 글쓰기: 영택이는 원래 목발을 짚었었는데 여수에서 수술을 받고나서 지팡이만 짚을수 있게 되었다.

고른 낱말: 석우, 축구, 축구공, 골

짧은 글쓰기: 석우가 축구를 했는데 마지막으로 축구공을 차 골인했다 그래서 이겼다.

고른 낱말: 탱크, 찰흙, 석우, 미술

짧은 글쓰기: 석우가 미술시간에 찰흙으로 탱크를 만들었다

고른 낱말: 할머니들, 영택, 석우

짧은 글쓰기: 할머니들이 영택이 뒷담화 까다가 석우에게 들켰다.

낱말 선정하여 짧은 글쓰기 활동 2

# 이야기 요약하기

요약하기 활동은 이야기의 차례 제목을 중심으로 크게 6부분으로 나누어 인상적인 장면이나 떠오르는 장면을 비주얼씽킹으로 표현하여 개인, 모둠 또는 반 전체가 시간곡선이나 오솔길 레이아웃을 활용하여 글을 요약할 수 있도록 한다.

이러한 요약하기 활동은 그림을 직접 보면서 실시하게 되므로 좀 더 쉽고 분명하게 내용을 정리할 수 있으며 글 전체 내용을 이해하는데 도움을 줄 수 있다. 독해에 있어 글 전체의 내용을 정확히 파악하고 이해하기 위해서 요약하기는 아주 의미 있는 활동이다.

## 관련 성취기준

[4국02–02] 글의 유형을 고려하여 대강의 내용을 간추린다.

## 관련 구절

이야기 전체

## 활동 절차

1. 6개의 이야기 차례 제목을 살펴본다.
2. 차례 제목에 해당하는 주요 내용을 붙임종이에 한 컷 그림, 또는 한 문장으로 나타낸다.
3. 전체학습은 칠판에, 모둠학습은 모둠 활동판에, 개별 활동은 개별 활동지에 붙인다.
4. 시간 곡선, 오솔길 레이아웃에 활동한 붙임종이를 분류하여 붙인다.
5. 제목에 알맞은 장면, 사건 전체의 원인과 결과 등을 생각하며 요약한다.
6. 요약한 내용을 모둠에서 돌아가며 말하기 활동 후 전체에게 발표한다.
7. 전체 학습은 모둠 또는 짝과 칠판에 정리된 장면 그림(글)을 보고 정리한다.

### ◀ 활동 TIP

- 이야기 차례 제목에 해당하는 내용 중 인상적인 장면을 비주얼씽킹이나 문장으로 붙임종이에 정리한다.
- 전체활동으로 진행 할 경우, 시간 곡선을 칠판 전체에 그려놓고 모둠별 릴레이 형식으로 알맞은 제목 아래 빨리 붙이기 놀이로 진행하면 학습과 놀이가 연결될 수 있다.
- 그림이나 문장을 보면서 이야기 요약하기를 연습하고 발표하도록 한다.

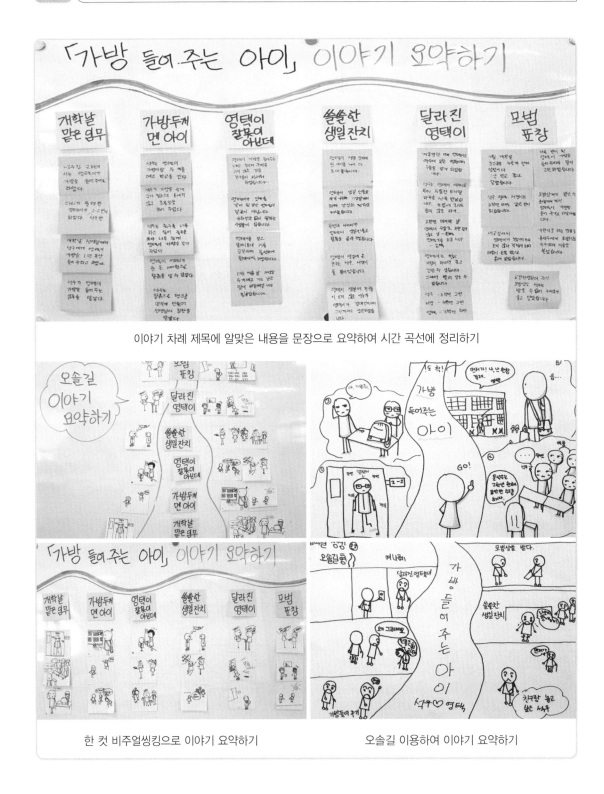

이야기 차례 제목에 알맞은 내용을 문장으로 요약하여 시간 곡선에 정리하기

한 컷 비주얼씽킹으로 이야기 요약하기

오솔길 이용하여 이야기 요약하기

# 다른 사람 도와주기

석우는 선생님이 시켜서 영택이의 가방을 들어 주게 되었지만 어른들의 착하다는 칭찬에 가방을 들어 주는 일이 그렇게 나쁘지는 않다는 생각을 조금씩 하게 된다. 어려운 일, 힘든 일을 당한 사람을 찾아 스스로 도와주는 활동을 통해 남을 도와주는 기쁨을 직접 체험해 보는 활동이다.

가정, 학교, 이웃에서 남을 도울 수 있는 일이 무엇인지 브레인스토밍으로 찾아보고 할 수 있는 일을 찾아 계획을 세워 실천해 본 후 생각이나 느낌을 서로 이야기 해 본다.

다른 사람을 도와 주는 과정에서 나의 작은 도움이 다른 사람에게는 큰 도움이 될 수 있으며 남을 도운다는 것은 시간, 재능, 미소, 친절, 위로와 같이 생각보다 다양하고 쉬운 것임을 알 수 있도록 하며 일상에서 나눔을 적극적으로 실천하는 계기가 될 수 있도록 한다.

## 관련 성취기준

[2국01-03] 자신의 감정을 표현하며 대화를 나눈다.
[6도02-03] 봉사의 의미와 중요성을 알고, 주변 사람의 처지를 공감하여 도와주려는 실천 의지를 기른다.

## 관련 구절

석우는 갑자기 혼란스러웠습니다. 영택이 가방을 들어 주는 건 선생님이 시켜서 하는 일인데, 어른들이 착하다고 돈도 주고 사탕도 주니까 기분이 이상했습니다.
선생님은 남을 도울 때 대가를 바라면 안 된다고 했습니다. 하지만 막대 사탕은 누가 뭐래도 달콤했습니다.
방 들어다 주는 일이 그렇게 나쁘지만은 않다는 생각이 조금씩 들었습니다.

## 활동 절차

1. 남을 도와 주었던 경험을 생각해 보고 남을 도와 주고 난 후 어떤 생각이나 느낌이 들었는지 이야기 한다.
2. 남을 도와 줄 수 있는 일이 어떤 일이 있는지 브레인라이팅을 한다.
3. 가족, 친구, 이웃에게 할 수 있는 일로 분류한다.
4. 내가 할 수 있는 일을 한 가지 정해서 구체적으로 계획을 세운다.
5. 남을 도와 주고 난 후 생각이나 느낌을 이야기 한다.

### 활동 TIP

- 남을 도울 수 있는 일을 브레인라이팅을 할 때 개인별로 활동지를 참고로 하여 활동한다.
- 남을 도와 주는 일이 돈이나 물건을 기부 하는 것 뿐만 아니라 시간, 재능, 친절 , 위로와 같은 것으로 유목화 하여 남을 도와 주는 일이 생각보다 다양하고 쉬운 것 임을 알 수 있도록 한다.
- 학급에서 실천할 수 있는 일은 비밀 친구를 정해서 도움을 주는 마니또 뽑기놀이를 할 수 있다.
- 꾸준히 지속적으로 도움을 주지 않더라도 남을 도와 주는 일 그 자체에 의미를 두는 활동이므로 단 1회성의 도움이라도 베풀 수 있도록 한다.

남을 도울 수 있는 일 찾기

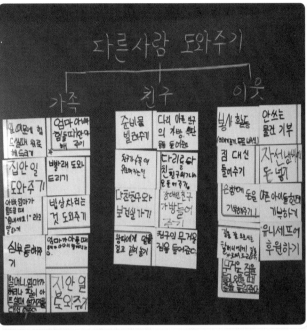

가족, 친구, 이웃에게 할 수 있는 일로 분류하기

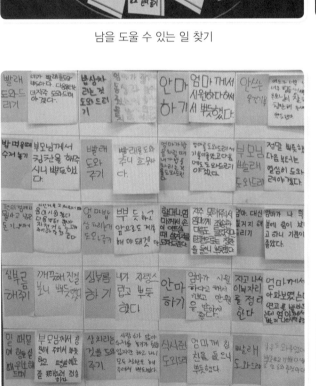

남을 도운 후 생각이나 느낌 나누기

비밀 친구 놀이하고 생각이나 느낌 나누기

# 다른 사람 도와주기

초등학교 [　　] 학년 [　　] 반  이름 [　　　　　]

**1**  다른 사람을 도울 수 있는 일을 생각나는 대로 서클맵에 적어 보세요.

**2**  내가 할 수 있는 일을 정한 후 실천해 봅시다.

| 내가 할 수 있는 일 | |
|---|---|
| 활동 후 생각이나 느낌 | |

# 마니또 놀이하기

[  ] 초등학교 [  ] 학년 [  ] 반  이름 [                    ]

## [마니또 미션 약속]

**1** 내가 내 마니또(이탈리아어: 비밀 친구)를 눈치 챘다거나, 다른 친구의 마니또를 알았다고 해서 친구들에게 말하는 것은 <u>절대 안 됩니다.</u> 나의 마니또가 누구일지 마음속으로만 추리하세요!

**2** 매일 미션을 실천하여 기록합니다!

### ♥마니또 미션 서약서♥

내 마니또는 (          )입니다.

나는 내 마니또가 눈치 채지 못하게 몰래 미션을 수행하며 마니또의 숨은 기쁨, 즐거움, 위로, 행복이 되기 위해 노력할 것입니다.

나는 사람들 몰래 마니또에게 특별한 관심을 가지며 마니또를 관찰하고 새롭게 알아갈 것입니다.

모든 마니또 미션은 은밀하고! 위대하게! 이루어질 것이며 발표 날까지 아무에게도 나의 마니또를 알리지 않을 것입니다.

년      월      일

이름 :          (인)

### ♥마니또 활동♥

누구인지 전혀 눈치채지 못하도록 몰래 미션을 수행해 주십시오. 1주일후 자신의 마니또가 누구인지 전혀 모르고 활동판을 다 채운다면 당신은 미션수행을 성공한 것입니다. 그러나 자신의 마니또가 누구인지 알게 되면 미션은 실패로 끝나게 됩니다.

| 칭찬하기 | 인사하기 | 같이놀기 | 도움주기 | 도움주기 | 도움주기 |
|---|---|---|---|---|---|
|  |  |  |  |  |  |

### ♥마니또 활동 후 느낀 점♥

# 천 원의 행복 찾기

예전만 해도 천 원으로 할 수 있는 일들이 많았다. 시대가 흐름에 따라 돈의 가치가 점점 낮아지고 천 원으로 할 수 있는 일들이 많지 않다. 그럼에도 불구하고 천 원으로 할 수 있는 일들이 많이 있다. 작다면 작고 크다면 큰 천 원으로 할 수 있는 일을 찾아보고 천 원을 직접 사용해 봄으로써 작은 돈이 때로는 크게 쓰일 수 있음을 체험해 보는 활동이다.

천 원으로 할 수 있는 일을 브레인라이팅으로 찾아보고 '천 원의 행복' 미션지를 수행하는 과정에서 합리적인 소비 생활 방법을 자연스럽게 알게 되고 작은 것을 소중히 여기는 마음을 갖게 될 것이다.

## 관련 성취기준

[4국01–02] 회의에서 의견을 적극적으로 교환한다.

## 관련 구절

"돈이 모자라서 그러니?"
"네......"
"얼마 있는데?"
그 말에 석우는 그만 얼굴이 빨개지고 말았습니다. 선물 살 돈이 천 원밖에 없다고 차마 말할 수가 없었습니다.
"얼마 있어? 내놔 봐. 이녀석아."
석우는 머뭇거리면서 주머니에서 오백 원짜리 동전 두 개를 꺼내 보였습니다. 그걸 본 아저씨가 말했습니다.
"석우야! 아저씨는 천 원 가지고 좋은 선물 사는 법 안다."
"뭔데요?"

## 활동 절차

1. 용돈을 받아서 사용해 본 경험을 이야기한다.
2. 천 원을 사용해 본 경험을 이야기한다.
3. 천 원으로 할 수 있는 일이 무엇이 있을지 브레인라이팅을 한다.
4. 작은 돈으로 알차게 쓸 수 있는 방법을 알아본다.
5. '천 원으로 보람있게 살아보기(천 원의 행복) 미션지를 수행한다.
6. 성공여부와 소감을 서로 이야기 한다.

▎ **활동 TIP**

○ 용돈을 받아 사용 해 본 경험과 물건을 구입해 본 경험을 바탕으로 천 원으로 할 수 있는 일을 생각한다. 브레인라이팅을 한 후 분류 기준에 따라 분류한다.
○ 천 원으로 할 수 있는 일을 브레인라이팅을 할 때 개인별로 활동지를 참고로 하여 활동한다.
○ 생각보다 천 원으로 할 수 있는 일이 아직도 많이 있음을 알게 한다.
○ 고마웠던 사람에게 천원으로 선물을 하는 '천원의 행복' 미션으로 작은 돈으로 나눔의 기쁨을 느끼게 한다.
○ 비밀 친구인 마니또 놀이와 연계하여 활동할 수 있다.

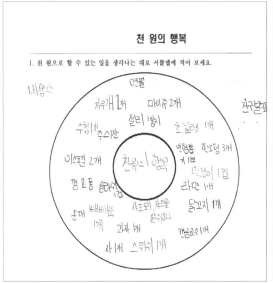

천 원으로 할 수 있는 일 찾기

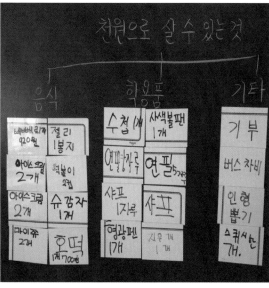

천 원으로 할 수 있는 일 분류하기

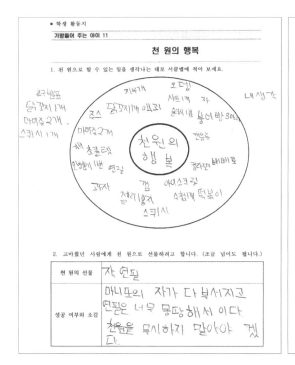

천 원의 행복 미션지 작성하기

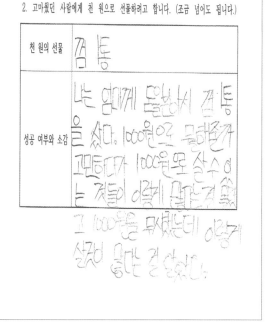

성공 여부와 소감 발표하기

# 장애 체험하기

석우의 반에 전학을 온 영택이는 목발을 짚고 걷는 장애아였다. 그런 영택이를 위해 석우는 매일 가방을 들어 주라는 선생님의 명을 받고 그 일을 시작한다. 선생님이 시켜서 억지로 영택이의 가방을 들어 준 석우였지만 일 년 동안 영택이의 가방을 들어주면서 석우는 영택이의 어려움과 아픔을 이해하고 좋은 친구가 되어준다.

장애가 있는 친구들이 겪는 어려움을 간접으로 체험하면서 장애 친구들을 이해하고, 그 친구들을 위해서 무엇을 할 수 있을지, 함께 할 수 있은 일은 무엇인지를 생각해 보고 실천하려는 마음을 다지는 시간이 될 수 있도록 한다.

 ## 관련 성취기준

[4국02–05] 읽기 경험과 느낌을 다른 사람과 나누는 태도를 지닌다.

 ## 관련 구절

찔뚝이는 영택이 별명입니다. 목발을 짚고 휘청휘청 걷기 때문에 아이들은 영택이를 그렇게 말합니다.

가방을 영택이 자리에 갖다 놓으면 그날 아침 석우의 임무는 끝납니다. 그리고 공부가 끝나면 또 영택이의 가방을 집에 갖다 줍니다.

이런 일을 하루도 거르지 않고 해야 하는 게 석우의 임무입니다.

 ## 활동 절차

1. 장애 친구를 이해하는 마음으로 장애 체험을 해보기로 하고 함께 할 수 있는 시각 장애, 청각 장애, 지체 장애 체험 활동에 대한 브레인라이팅을 한다.
2. 학급에서 할 수 있는 체험 활동 몇 가지를 선정하여 장애 체험을 한다.
3. 장애 체험활동에 대한 활동지를 작성하고 소감을 서로 이야기 한다.

### ◤ 활동 TIP

- 4월 20일은 장애인의 날이다. 이 날을 전후하여 장애 체험을 실시하면 더욱 의미가 있을 것이다.
- 장난이나 재미로 하는 장애 체험이 아니라 배려와 존중의 마음으로 진지한 체험이 이루어지도록 동기유발과 공감 형성에 신경을 쓰도록 한다.
- 장애체험을 하고 나서 불쌍하다, 도와주어야겠다는 피상적인 소감보다는 어떤 점이 불편했고, 좋았던 점은 무엇인지, 어떻게 하면 장애를 불편하게 느끼지 않고 살 수 있을지 구체적으로 소감을 발표하는 시간을 갖도록 한다.

눈 가리고 걸어보기

눈 감고 친구 얼굴 그리기

입이나 발로 글쓰기

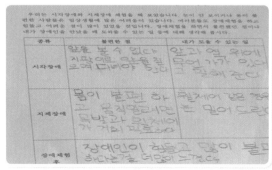

장애 체험 활동지

# 장애 체험하기

| | 초등학교 | | 학년 | | 반 이름 | |

※ 시각장애와 지체장애 체험을 해 보았습니다. 눈이 안 보이거나 몸이 불편한 사람들은 일상 생활에 많은 어려움이 있습니다. 우리들도 장애체험을 하면서 힘들고 어려운 점이 많았을 것입니다. 체험을 하면서 불편했던 점과 도와줄 수 있는 일, 느낀 점을 정리해 봅시다.

| 종류 | 불편한 점 | 내가 도울 수 있는 일 |
|---|---|---|
| 시각장애 | | |
| 지체장애 | | |
| 장애체험 후 느낀 점 | | |

# 석우처럼 하고 싶은 운동 찾기

작품 속 인물 석우는 축구를 좋아한다. 축구 때문에 영택이 가방을 들어주지 못하는 일도 생긴다. 그리고 학급의 친구들도 축구 잘하는 석우를 좋아하고 석우가 없으면 다른 반과 축구 경기를 질 수밖에 없다고 계속 영택이 가방 들어주는 일에 못마땅하게 생각한다.

학생들은 초등학교 과목 중에서 '체육'을 가장 좋아한다. 여러 가지로 학생들의 생각을 엿볼 수 있는 데 책을 읽는 우리 친구들도 이처럼 하고 싶고 잘 할 수 있는 운동을 생각해보는 활동이다.

이러한 활동을 함으로써 주체적으로 의미의 확장이 있을 수 있으며 넓은 읽기의 중요한 과정이라고 할 수 있다.

## 관련 성취기준

[4국05-05] 재미나 감동을 느끼며 작품을 즐겨 감상하는 태도를 지닌다.

## 관련 구절

24~25쪽

## 활동 절차

1. 해당 되는 부분을 한 번 더 읽는다.
2. 축구 말고 내가 하고 싶은 운동을 브레인 스토밍으로 많이 생각한다.
3. 찾은 내용을 포스트잇에 기록한다.
4. 돌아가며 말하기를 통해 모둠원들과 아이디어를 공유한다.
5. 모둠에서 나온 모든 아이디어를 기준을 정해 분류한다.(의사결정 그리드 전략)
6. X축과 Y축 모두 '높음'으로 정해진 활동을 중심으로 향후 슬로 리딩의 방향을 결정할 수도 있다.

**활동 TIP**

◦ 축구를 좋아하는 석우를 보며 내가 하고 싶은 운동을 행복하게 생각한다.
◦ 의사결정 그리드를 운영할 때에는 중복되는 아이디어는 붙임 쪽지를 포개어 붙인다.
◦ 각 모둠의 의사결정판을 칠판에 붙이고 같은 점과 다른 점을 공유한다.

**[석우처럼 내가 하고 싶은 운동]**

☑ 해당되는 부분을 읽고 내가 하고 싶은 운동을 떠올린다.

☑ 석우처럼 나도 친구들과 함께 하고 싶은 운동을 자유롭게 쓴다.

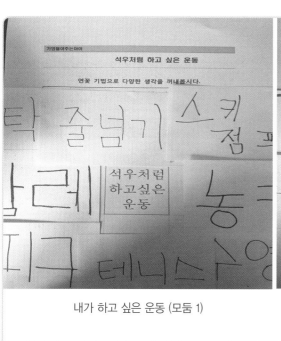

내가 하고 싶은 운동 (모둠 1)　　　　내가 하고 싶은 운동 (모둠 2)

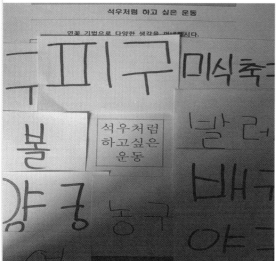
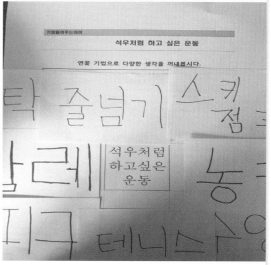

내가 하고 싶은 운동 (모둠 3)　　　　내가 하고 싶은 운동 (모둠 4)

**[의사결정 그리드로 해보고 싶은 활동의 우선 순위 정하기]**

☑ 개인이 해보고 싶은 운동을 모둠별로 모은다.(연꽃 활동지에 붙인 붙임 쪽지를 떼어 분류, 통합한다. 같은 활동은 포 개어 붙이기)

☑ 의사결정 그리드를 위한 변수(X축과 Y축)를 결정한다.(교사의 안내를 듣고 선택할 수도 있고, 자신들의 변수를 새로 이 정할 수도 있다.)

연꽃기법으로 적은 붙임 쪽지를 의사결정 그리드로 옮기는 학생들

의사 결정 그리드를 통하여 해보고 싶은 활동의 우선 순위를 정한다.
−모둠, 전체의 활동 결과물−

# 석우처럼 하고 싶은 운동 찾기

　　　　　초등학교　　　학년　　　반　이름

## [의사결정 그리드]

1. 내가 찾은 다양한 아이디어를 붙임 쪽지 한 장에 하나씩 씁니다.
2. 모둠원들이 쓴 모든 아이디어를 한 곳에 모읍니다.
3. 수평과 수직 방향의 기준에 쓸 내용을 의논합니다.(실천가능성×효과/ 흥미×중요성 등)
4. 기준에 따라 붙임 쪽지를 해당란에 붙입니다.

| | | | |
|---|---|---|---|
| 높음 | | | |
| 보통 | | | |
| 낮음 | | | |
| 실천<br>가능성<br>／<br>재미 | 낮음 | 보통 | 높음 |

# 가방의 의미를 생각하며 가방 디자인 해 보기

'가방 들어주는 아이'에서 '가방'은 매우 의미 있는 제재로써 이야기 속의 가방의 의미를 다시 생각해 보고 새롭게 가방을 디자인 해보는 활동이다.

책 속의 주인공인 석우와 영택이의 마음을 공감하고 다른 사람의 문제를 해결하기 위한 활동을 해 봄으로써 문제해결 능력을 기르고 창의력도 키울 수 있는 좋은 계기가 될 수 있다. 영택이가 혼자서도 가방을 들 수 있거나, 늘 2개의 가방을 들고 다녀야하는 석우의 입장을 생각하며 도움을 줄 수 있는 가방이 디자인 될 수 있도록 한다. 새롭게 디자인된 '가방'을 통해 두 친구가 좋은 관계를 다지는 계기가 되도록 함으로써 독서활동이 내면화 되도록 한다.

 ## 관련 성취기준

[4국05–01] 시각이나 청각 등 감각적 표현에 주목하며 작품을 감상한다.

 ## 관련 구절

다른 사람이 들어 줘야 하기 때문인지 영택이 가방은 다른 아이들처럼 배낭 모양이 아니라 긴 끈이 하나만 달려 있었습니다. ~

여름이 가까이 오자 가방을 메고 집에 가는 일은 점점 더 힘들었습니다. 땀이 삐질삐질 나는데다가 가방 끈이 어깨를 파고드는 것처럼 무거웠습니다.

땀 흘리며 가방을 두 개씩 메고 가면 지나가는 어른들이 한마디씩 합니다.

"얘, 너 누구 가방 들어다 주는 거냐?"

 ## 활동 절차

1. 영택이가 가방을 들고 다닐 때 불편하거나 힘든 점을 생각해 본다.
2. 장애를 가진 사람도 들고 다니기 쉽고 편한 디자인을 구상한다.
3. 가방을 어떤 형태로 만들면 석우가 2개를 편리하게 가지고 다닐 수 있을지 창의성을 갖고 디자인 한다 .
4. 가방의 용도, 편리성 등을 생각하며 모양, 색깔, 크기 등의 디자인을 어떻게 할 것인지 구상하여 디자인한다.

### 활동 TIP

◦ 너무 가방의 디자인에만 치중하지 않고 영택이의 어려움을 도와주려는데 초점을 맞춘다.
◦ 자신의 가방을 들어주는 석우에게 늘 미안한 마음을 갖는 영택이의 입장을 생각하며 두 사람의 우정을 나타낼 수 있는 디자인이 되게 한다.

## 적용 사례

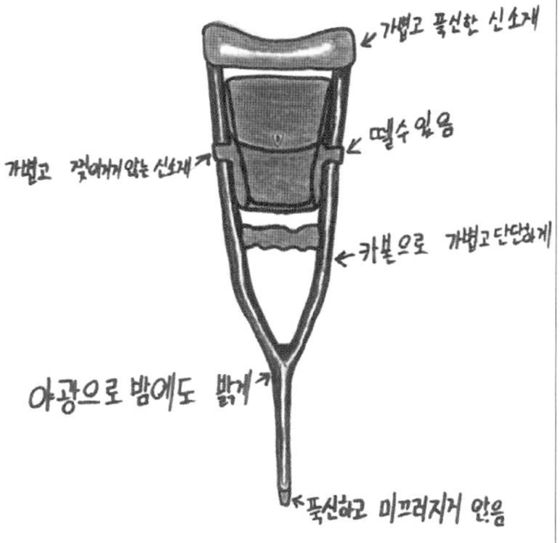

가볍고 푹신한 신소재
떼수 있음
가볍고 젖어지지 않는 신소재
카본으로 가볍고 단단하게
야광으로 밤에도 밝게
푹신하고 미끄러지지 않음


♥ 새롭게 디자인한 '가방'에 대해 간단히 설명해 봅시다.

목발에 가방을 달아 편리하게 했고 가벼운 소재를 사용해 편하게 다닐 수 있다. 야광을 넣어 밤에도 안전하고, 가방을 땠다 붙였다 할 수 있다.

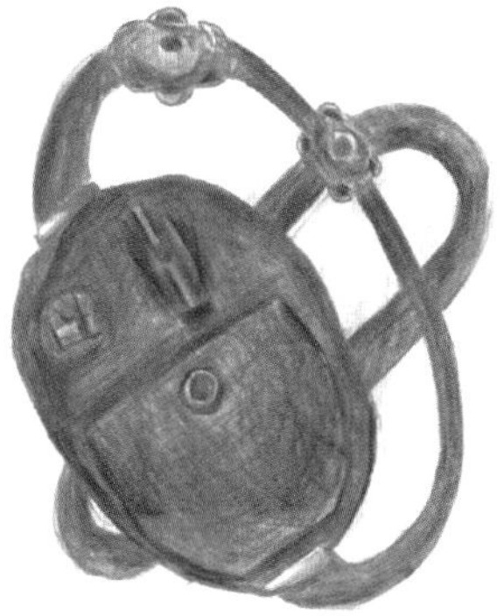

♥ 새롭게 디자인한 '가방'에 대해 간단히 설명해 봅시다.

[illegible]
이렇게 장애인이 가방을 조금이 없이 사용할 수 있도록 하였다.

■ 학생 활동지

**가방 들어주는 아이 16**

### 이야기 속의 가방의 의미를 생각하며 가방 디자인 해 보기

1. 석우는 장애인인 친구를 도와 가방을 2개 가지고 다녀야 했습니다. 이야기 속의 '가방'의 의미를 생각하며 새로운 '가방'을 디자인해 봅시다.

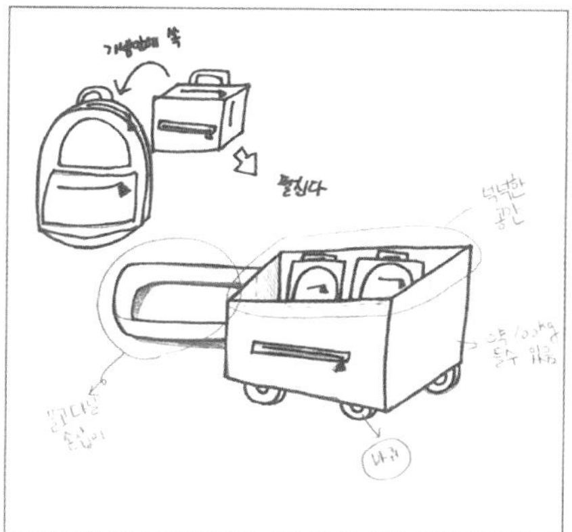

펼친다
바퀴


♥ 새롭게 디자인한 '가방'에 대해 간단히 설명해 봅시다.

작은 가방을 가방안에 넣고, 하교할 때 펼쳐서 [illegible] 담고 들고 간다.

■ 학생 활동지

**가방 들어주는 아이 16**

### 이야기 속의 가방의 의미를 생각하며 가방 디자인 해 보기

1. 석우는 장애인인 친구를 도와 가방을 2개 가지고 다녀야 했습니다. 이야기 속의 '가방'의 의미를 생각하며 새로운 '가방'을 디자인해 봅시다.

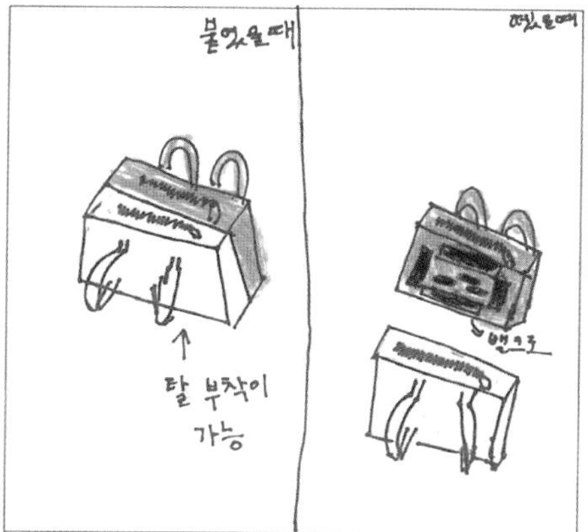

붙였을 때
탈 부착이 가능


♥ 새롭게 디자인한 '가방'에 대해 간단히 설명해 봅시다.

가지고 같이 학교갈때 붙이고 학교에서 떼지고 갈때 다시 붙이고 집에서 떼지고 한다.

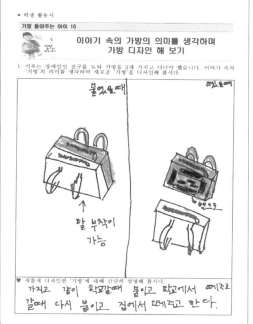

 **가방의 의미를 생각하며 가방 디자인 해 보기**

┌──────────────┐ 초등학교 ┌─────┐ 학년 ┌─────┐ 반 이름 ┌──────────────┐

**1** 장애를 가진 영택이가 가방을 혼자서도 들기 쉽게 하거나, 2개의 가방을 들고다니는 석우
가 편리하게 가방을 들고 다닐 수 있도록 새롭게 디자인해 봅시다.

※ 새롭게 디자인 한 '가방'에 대해 간단히 설명해 봅시다.

# 찰흙으로 이야기 속 물건 만들기

책을 읽은 후 이야기 속에 등장하는 물건을 찰흙으로 만들어보는 활동이다.

만들기의 재료 중 찰흙은 만지는 그대로 형이 이루어져서 표현의 욕구를 충족시킬 수 있는 좋은 재료이다. 학생들은 찰흙을 주무르고, 굴리고, 짓이기고, 손가락으로 눌러보는 가운데 억압된 감정을 해소할 수 있을 뿐만 아니라, 이야기 속 물건을 만들어 봄으로써 주인공의 감정을 생생하게 느낄 수도 있을 것이다. 인물의 심리를 이해하는 일은 문학작품을 수용하는 가장 좋은 방법 중 하나이다.

## 관련 성취기준

[4국05-04] 작품을 듣거나 읽거나 보고 떠오른 느낌과 생각을 다양하게 표현한다.

## 관련 구절

석우는 미술시간에 찰흙으로 탱크를 멋지게 만들었습니다. 기다란 대포도 다른 아이들 건 다 부러졌는데, 석우는 대꼬챙이를 찔러 넣어서 아주 단단하게 만들 수 있었습니다.

"오늘 찰흙 작품을 가장 잘 만든 사람은 문석우다!"

## 활동 절차

1. 마인드 맵으로 가방 들어주는 아이에 나오는 물건을 떠올린다.
2. 자신이 만들 물건을 이야기하고 그 이유를 설명한다.
3. 찰흙으로 만들기를 한다.
4. 서로의 작품을 감상한다.

▶ **활동 TIP**

○ 학급 전체가 책속에 나오는 석우처럼 탱크를 만들어도 되고, 주요 사건에 나오는 물건을 만들어도 좋다.
○ 찰흙 만들기를 한 후 석우, 선생님, 영택이, 영택이 엄마를 정하여 역할극을 하면 책속의 내용에 더 깊이 이해할 수 있다.

**[찰흙으로 이야기 속 물건 만들기]**

☑ '가방 들어주는 아이' 36쪽, 37쪽을 읽는다.

☑ 탱크 만드는 방법을 이야기 나눈다.(혹은 이야기에 나오는 여러 가지 물건에 대해 이야기 나눈다)

☑ 만든 작품을 감상하고 이야기 나눈다.

초콜릿과 아몬드가 섞인 맛있는 아이스크림

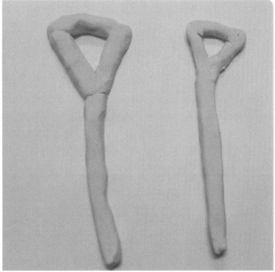

영택이의 목발

영택이 어머니가 주신 초콜릿

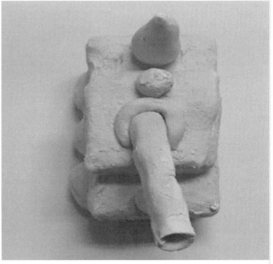

석우가 만든 탱크

# 찰흙으로 이야기 속 물건 만들기

| | 초등학교 | | 학년 | | 반 이름 | |
|---|---|---|---|---|---|---|

※ 책 속에 나오는 석우가 되어 멋진 찰흙 작품을 만들어 봅시다.

**1**  이야기 속에 나오는 물건을 떠올려 봅시다.

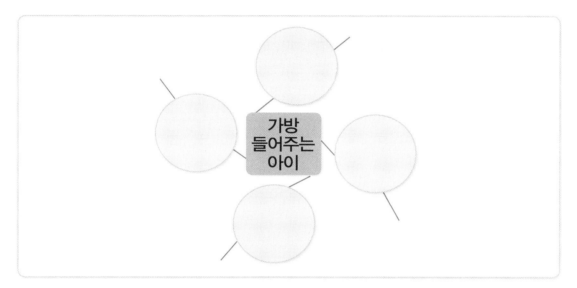

가방
들어주는
아이

**2**  찰흙으로 만들 물건의 밑그림을 그려 봅시다.

# 우정을 다룬 책 찾아 읽고 비교하기

　우정을 다룬 책 찾아 읽고 비교하기는 파생독서 활동의 일환이다. 파생독서는 스스로 책을 읽는 자발성을 토대로 하여 책 한 권으로도 그 속의 단어에 따라, 주제에 따라, 상황에 따라 연관된 수많은 책들을 찾아보고 읽음으로써 이해의 폭과 넓이가 무한대로 넓혀지는 것을 말한다.

　예를 들어, 신데렐라를 읽으면서 콩쥐팥쥐나 백설공주, 소공녀까지 주제를 넓혀 나가며 스스로 연관성을 찾는 독서를 하게 되는 것이다. 이러한 독서가 이루어지려면 아주 천천히, 깊이 책에 몰입하는 자세 즉, 슬로리딩의 자세가 필요하다. 이것이 습관이 되면 책을 읽는 중에 자연스럽게 나만의 분석력과 응용력, 나아가서는 창의력이 생기게 되므로 더없이 좋은 독서 방법이 아닐 수 없다.

## 관련 성취기준

[4국02-05] 읽기 경험과 느낌을 다른 사람과 나누는 태도를 지닌다.

## 관련 구절

글 전체

## 활동 절차

1. '우정'을 주제로 다룬 책 한 권을 선정한다.
2. '가방 들어주는 아이'의 내용과 비교하면서 새로 선택한 책을 읽어본다.
3. 두 이야기의 내용 중에서 비교할 대상을 정해 본다.(인물 비교 시 예: 영택과 영대, 석우와 나, 영택과 창우, 석우와 강토 등)
4. 비교한 내용을 붙임종이에 써서 붙인 다음 비슷한 내용끼리 묶어본다.
5. 제시된 틀에 공통점과 차이점을 정리해 본다.
6. 정리한 내용을 친구들에게 소개하여 본다.

### 활동 TIP

◦ '우정'을 주제로 다룬 책 선정 시 도서관을 활용하며, 교사의 안내가 있어야 한다.(예: '내 짝꿍 최영대', '내 친구 왕뚜껑', '천사표 내 친구' 등)
◦ 같은 책을 선택하여 읽더라도 비교할 대상은 달라질 수 있음을 안내한다.
◦ 대상의 공통점과 차이점을 요약하기 쉽도록 틀을 제시해 주는 것이 좋다.
◦ 정리한 내용을 소개해 봄으로써 같은 책, 다른 생각을 나누어볼 수 있다.

적용 사례

**1** 우정을 주제로 다룬 책 찾아보기

**2** 비교할 대상 정하여 비교하기

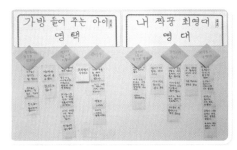 

**3** 제시된 틀에 정리하기

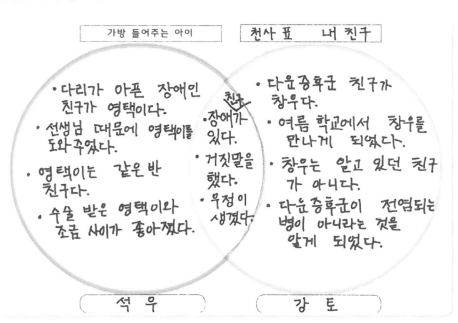

 가방 들어주는 아이 / 천사표 내친구

석우
- 다리가 아픈 장애인 친구가 영택이다.
- 선생님 때문에 영택이를 도와주었다.
- 영택이는 같은 반 친구다.
- 수술 받은 영택이와 조금 사이가 좋아졌다.

친구
- 장애가 있다.
- 거짓말을 했다.
- 우정이 생겼다.

강토
- 다운증후군 친구가 창우다.
- 여름 학교에서 창우를 만나게 되었다.
- 창우는 알고 있던 친구가 아니다.
- 다운증후군이 전염되는 병이 아니라는 것을 알게 되었다.

# 우정을 다룬 책 찾아 읽고 비교하기

초등학교          학년          반  이름

**1** '가방 들어주는 아이'처럼 '우정'을 주제로 다룬 책을 찾아봅시다.

내가 찾은 책 :

**2** '가방 들어주는 아이'의 내용과 비교하면서 새로 선택한 책을 읽어 봅시다.

**3** 두 이야기를 읽으면서 비교하고 싶은 대상을 찾았습니까?

**4** 비교해 보고 싶은 내용을 붙임종이에 써 붙인 후 비슷한 내용끼리 묶어 봅시다.

          와

**5** 두 이야기의 공통점과 차이점을 비교하여 아래의 틀에 정리하여 봅시다.

가방 들어주는 아이

**6** 정리한 내용을 친구들에게 소개하여 봅시다.

# 질문 하브루타하기

하브루타는 '토론을 함께하는 짝이나 친구, 파트너 자체'를 일컫는 말이었다. 이것이 짝을 지어 질문하고 토론하는 교육방법의 의미로 확대되었다.

친구와 토론하고 직접 체험하면서 소통하는 하브루타는 90%의 공부효율성 가지고 있다는 연구결과가 있다. 하브루타는 서로 가르치고 서로에게 배우는 최고의 공부방법인 것이다.

아이들은 이야기를 읽고 관련 내용으로 질문을 만들고 짝활동을 통해 빠짐없이 하브루타하며 글을 이해한다. 이 과정을 통해 의사소통능력, 경청하는 능력, 설득하는 능력이 향상되고 친구들과의 관계도 좋아질 것이다. 수다를 떨 듯 부담없이 이야기를 나누게 되어 공부에도 즐겁게 참여할 수 있다.

## 관련 성취기준

[4국01-01] 대화의 즐거움을 알고 대화를 나눈다.
[4국01-06] 예의를 지키며 듣고 말하는 태도를 지닌다.
[4국02-01] 문단과 글의 중심 생각을 파악한다.
[4국02-03] 글에서 낱말의 의미나 생략된 내용을 짐작한다.
[4국02-03] 읽기 경험과 느낌을 다른 사람과 나누는 태도를 지닌다.

## 관련 구절

글 전체

## 활동 절차

1. '가방 들어 주는 아이'의 표지와 글을 읽는다.
2. 읽은 내용에 따라 개인별로 질문을 만든다.(사실 확인 질문, 심화 질문, 확장 질문)
3. 모둠 친구들에게 자기가 만든 질문을 발표한다.
4. 모둠별로 같은 내용의 질문끼리 분류해서 정리하고 질문을 선정한다.
5. 모둠에서 선정된 질문을 교사가 정리한다.
6. 짝지와 함께 하브루타하며 이야기의 내용을 파악한다.
7. 교사와 쉬우르 한다.

### 활동 TIP

- 아동들이 만든 것 가운데에서 괜찮은 질문들을 정리하여 전체 질문지를 만든다.
- 먼저 2인 1조로 짝을 이루어 하브루타를 운영하여 이야기의 내용을 파악한 다음, 전체 친구들과 하브루타하고, 다시 교사와 쉬우르하며 한 번 더 내용을 확인한다.
- 심화, 확장 질문을 통해 이야기에 드러난 정보를 바탕으로 드러나지 않은 내용을 추론할 수도 있고 자신이 알고 싶거나 궁금한 점을 묻고 답할 수도 있다.

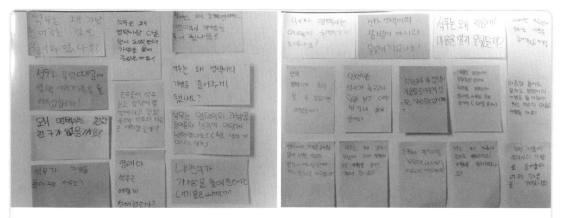

이야기를 읽고 개인별로 만든 질문을 모둠별로 모은 것 1     이야기를 읽고 개인별로 만든 질문을 모둠별로 모은 것 2

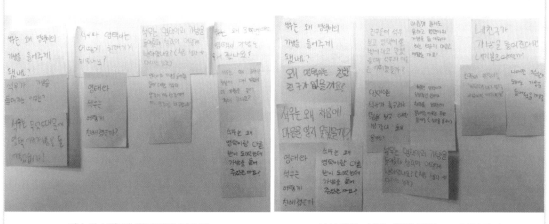

비슷한 내용의 질문끼리 모으기        사실확인·심화·확장 질문으로 분류하기

**〈가방 들어 주는 아이〉**

☺ 석우가 영택이의 가방을 들어주게 된 까닭은 무엇인가요?
☺ 영택이는 왜 친구가 없을까요?
☺ 마음껏 놀지도 못하고 쫄병 소리 들으며
    영택이의 가방을 들어줘야 하는 석우의 마음은 어떠했을까요?
☺ 다리가 불편한 영택이는 석우가 축구하는 것을 볼 때
    어떤 마음이 들었을까요?
☺ 어른들이 영택이에 대해 안 좋은 말씀을 하시는 것을 듣고
    석우는 어떤 마음이 들었을까요?
☺ 영택이의 가방을 들어주는 일에 대해 석우의 마음이 어떻게 바뀌었나요?
☺ 처음에 영택이가 부정적인 언어나 행동을 보였는데
    행동이 밝아진 이유는 무엇일까요?
☺ 어려운 형편에 있는 사람을 도와야 하는 이유는 무엇일까요?
☺ 3학년이 되어서 석우와 영택이는 다른 반이 되었는데
    석우는 왜 영택이의 가방을 다시 들어 주었을까요?
☺ 만약에 내가 몸이 불편하여 친구에게 도움을 받아야 하는 처지라면
    기분이 어떠할까요?
☺ 가방을 들어 주는 아이의 중심생각(주제)는 무엇일까요

괜찮은 질문들을 모아 질문지 만들기       짝과 함께 하브루타하기

학생 활동지

# 하브루타를 위한 질문거리 찾기

초등학교   학년   반  이름

※ 표지를 보고 내용을 짐작할 수 있는 질문거리를 찾아 짝과 묻고 답하여 봅시다.

가방 들어주는
아이

# 주제를 정해 토론해 보기

가치수직선 토론은 가치에 대한 개인별 의사 표시를 수직선 위에 함으로써 가치 판단 경험을 하고 그것의 표현을 가능하게 하는 토론이다.

토론을 통해 책의 내용을 친구들과 공유하면 내용의 이해도를 높일 수 있고, 가치관과 판단 기준이 사람마다 서로 다를 수 있음을 인정하고 그것을 수용하는 태도를 기를 수 있다. 또 가치에 대해 깊이 생각할 수 있으며, 정도의 차이를 비교하는 과정에서 기준에 대한 감각을 높일 수 있다. 자신의 가치에 대한 이유를 설명하는 가운데 발표력과 표현력을 기를 수 있고 자신의 가치를 판단하고 수정하는 태도를 배우면서 가치관 형성에도 도움이 될 것이다.

 **관련 성취기준**

[4국01-01] 대화의 즐거움을 알고 대화를 나눈다.
[4국01-06] 예의를 지키며 듣고 말하는 태도를 지닌다.

 **관련 구절**

글 전체

 **활동 절차**

1. 토론 주제를 확인하고 주제에 대한 자신의 입장을 정한다.
2. 가치수직선에 자신의 입장을 표시한다.
3. 자신과 다른 입장을 가진 토론자에게 질문 및 반박하며 토론을 한다.
4. 새로운 토론자를 만나 같은 방법으로 토론한다.
5. 토론 후 생각의 변화가 있는 학생은 가치수직선에 새로운 위치를 정한다.
6. 위치가 바뀐 사람의 입장 변화와 까닭을 듣는다.
7. 변화된 수로 토론의 승패를 결정하고 결과를 성찰한다.

> **활동 TIP**
> ● 토론 주제는 아동들이 헷갈리지 않도록 긍정형으로 하도록 한다.
> ● 원활한 토론이 될 수 있도록 찬성과 반대측의 수가 비슷하도록 조정해도 좋다.
> ● 친구들의 모든 생각들을 수용할 수 있는 허용적인 분위기를 조성한다.
> ● 토론에서 이겼다고 해서 그 주장이 옳은 것은 아님을 지도하고, 판단하는 사고의 틀을 키워 줄 수 있도록 한다.

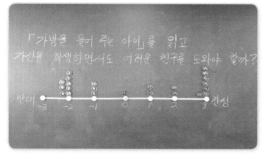

첫 번째 나의 생각 표시하기(칠판)

토론 후 변화된 나의 생각 표시(칠판)

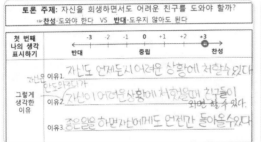

학습지에 나의 생각 표시(찬성 입장)

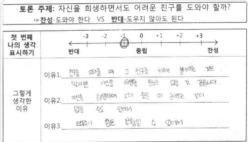

학습지에 나의 생각 표시(반대 입장)

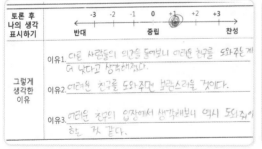

토론 후 나의 생각 표시(찬성 입장)

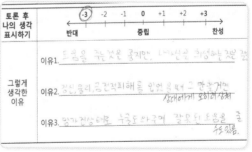

토론 후 나의 생각 표시(반대 입장)

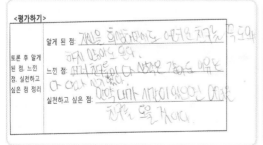

토론 평가하기 1

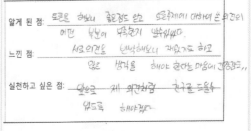

토론 평가하기 2

# 주제를 정해 토론해 보기

| | 초등학교 | | 학년 | | 반  이름 | |

**토론 주제 : 자신을 희생하면서도 어려운 친구를 도와야 할까?**

**찬성−도와야 한다 VS 반대−도우지 않아도 된다**

| 첫 번째 나의 생각 표시하기 | −3 −2 −1 −3 0 +2 +3 <br> 반대 중립 찬성 |
|---|---|
| 그렇게 생각한 이유 | 이유 1. <br><br> 이유 2. <br><br> 이유 3. |

| 토론 후 나의 생각 표시하기 | −3 −2 −1 −3 0 +2 +3 <br> 반대 중립 찬성 |
|---|---|
| 그렇게 생각한 이유 | 이유 1. <br><br> 이유 2. <br><br> 이유 3. |

## 〈토론 평가하기〉

| 토론 후 알게 된 점, 느낀 점, 실천하고 싶은 점 정리 | 알게 된 점 : <br><br> 느낀 점 : <br><br> 실천하고 싶은 점 : |
|---|---|

# 나뭇가지 토의 · 토론하기

나뭇가지 토의 · 토론은 어떠한 일에 대한 원인과 결과를 생각해 보고 그 결과가 원인이 되어 일어날 일들을 추론해 봄으로써 사건이나 등장인물을 행동에 대해 깊이 생각해 보는 활동이다.

이러한 나뭇가지 토의 · 토론은 어떠한 행동에 따른 그 결과가 커다란 차이를 가져올 수 있음을 알고 일상생활에서의 행동이 신중해야 함을 교훈으로 얻을 수 있으며 토의 과정 속에서 상상하고 추론하는 방법을 깨달을 수 있는 활동이다.

## 관련 성취기준

[4국01-02] 회의에서 의견을 적극적으로 교환한다.

## 관련 구절

조금 뒤 선생님이 들어왔습니다. 그러고는 아이들을 둘러보며 말했습니다.

"혹시 집이 제일교회에서 가까운 사람?"

제일교회는 동네에서 가장 큰 교회입니다. 석우네 집에서 50미터쯤 떨어져 있지요.

"저, 저요."

석우는 누가 손 들지 않나 둘러보다가 조심스럽게 손을 올렸습니다.

## 활동 절차

1. 주어진 학습지의 아래쪽에 토의할 주제를 적는다.

2. 첫 번째 부정적인 가지와 긍정적인 가지에 먼저 주제의 긍정적인 행동과 부정적인 행동을 기록한다.

3. 부정적인 행동을 하였을 때와 긍정적인 행동을 하였을 때의 결과를 예측하여 적고 그 일이 원인이 되어 다음에 일어날 일의 결과를 계속적으로 예측하여 기록한다.

4. 모둠에서 완성된 가지를 보고 각 가지의 최종 결론을 해석하고 비교하여 토의결과를 정리한 후 모둠별로 발표한다.

### 활동 TIP

● 긍정적 가지와 부정적 가지를 만들 때 각자 행동의 결과를 돌아가며 말하여 생각을 나눈 뒤 가장 현실적으로 일어날 수 있는 가능성이 있고 원인과 결과가 서로 잘 어울리는 의견을 선택하여 기록하도록 한다.

● 가지를 만들 때 두 사람씩 각각 긍정적인 가지와 부정적인 가지를 나누어 의견을 나누고 기록하는 방법과 모둠원 전체가 의논하는 방법 중 적절한 방법을 선택하여 토의한다.

### 모둠 토의 결과물

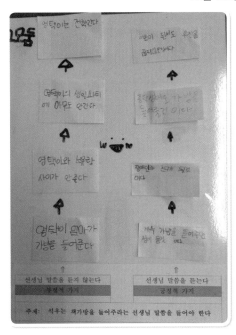

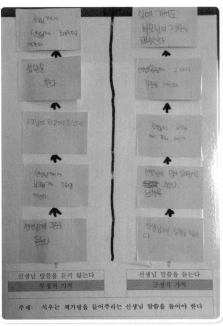

### 토의 결과 비교 학습지

**나뭇가지 토의 결과 비교**
( 2 )반 ( 모범생 )모둠

| | 긍정적 가지 | 부정적 가지 |
|---|---|---|
| 주제: 석우는 선생님의 말씀을 들어야 한다. | | |
| 결론 | 선생님과 부모님께 칭찬을 들을 것이다 | 선생님과 부모님께 꾸중을 들을 것이다 |
| 결론의 뜻 | 착한 아이로 인정 받는다 | 마음씨가 나쁜 아이로 생각될 것이다 |
| 결론 비교하기 | 석우가 선생님 말씀을 든다면 칭찬 아이도 싱긋을 받아 항상 즐겁게 학교 생활을 하고 선생님께 사랑을 받아 될 수 있지만 그렇지 않으면 아이 들은 부모님도 속상하실 | |

**나뭇가지 토의 결과 해석**
( 2 )반 ( 4차원 )모둠

| | 긍정적 가지 | 부정적 가지 |
|---|---|---|
| 주제: 석우는 선생님의 말씀을 들어야 한다. | | |
| 결론 | 어른이 되어서도 우정을 끊지 않을 것이다 | 영택이는 전학을 갈 것이다 |
| 결론의 뜻 | 진정한 우정을 쌓으며 함께 즐겁게 살아가게 될 것이다 | 영택이는 어디에도 적응하지 못하고 사람들과 함께 살아가기로 하고 사람들을 원망 하는 사람이 될 것이다 |
| 결론 비교하기 | 석우가 선생님의 말씀을 든다면 혼자서 사람들을 원망하며 살 수도 있는 영택이 같은 경우친구와 함께 즐겁고 행복하게 살 수 있을 것이다 | |

# 나뭇가지 토의 · 토론하기

초등학교 [ ] 학년 [ ] 반 이름 [ ]

↑

↑

↑

↑

↑

↑

↑

↑

↑

↑

선생님 말씀을 듣지 않는다
**부정적 가지**

선생님 말씀을 듣는다
**긍정적 가지**

**주제 : 석우는 책가방을 들어주라는 선생님의 말씀을 들어야 한다.**

# 나뭇가지 토의·토론 결과 해석

초등학교 　　　학년 　　　반 　이름 　　　　

※ 주제 : 석우는 책가방을 들어주라는 선생님의 말씀을 들어야 한다.

| | 긍정적 가지 | 부정적 가지 |
|---|---|---|
| 결론 | | |
| 결론의 뜻 | | |
| 결론 비교하기 | | |

# 우리 동네 가게 이름 짓기

이야기 속에서 이름 붙인 가게 이름처럼 재미있고 정겨우면서도 쉽게 이해할 수 있는 가게 이름을 지어보는 활동이다.

우리 주변에 있는 가게 이름을 보면 모닝글로리(문구점), 파리바게뜨(빵집), 세븐일레븐(편의점), 스타벅스(커피가게), KFC 치킨(통닭집) 등 영어 이름이 주를 이룬다. 본 활동에서는 주변에서 볼 수 있는 가게를 찾아보고, 가게의 특징이 잘 드러나는 쉽고 재미있는 우리말을 주로 활용하여 가게 이름을 지어 보게 한다.

이 활동은 우리말에 대한 친근감과 소중함을 갖게 하며, 어휘에 대한 융통성과 창의성을 기르는 데 도움이 될 것이다.

 **관련 성취기준**

[4국04-05] 한글을 소중히 여기는 태도를 지닌다.

 **관련 구절**

샛별 문방구 옆 골목을 빠져나오면 제일교회로 이어지는 큰 길이 나옵니다. 우리 소 정육점, 뽀끄레 미용실 같은 가게들이 줄지어 있는 언덕길을 올라, 노란 신호등만 깜박거리는 네거리에서 오른쪽으로 돌면 거기에 새한마트가 있습니다.

새한마트 앞에 다다르자, 바로 옆에 있는 파란색 대문 집이 눈에 들어왔습니다.

 **활동 절차**

1. 이야기 속에 나와 있는 가게 이름을 찾아본다.
2. 가게 이름의 특징을 생각해 본다.
3. 우리 동네에 있는 가게의 종류를 알아보고, 새로운 이름을 지어본다.
4. 새 이름 가게 중 한 곳을 정하여 가게의 특징이 드러나게 가게 이름을 꾸민다.

**활동 TIP**

◦ 가게 이름을 지을 때 '쉽고 재미있게'를 강조하다 보면 말장난에 치우칠 수 있으므로 주의한다.
◦ 가게의 특징이 드러난 이름을 지을 때 브릿지맵 등 씽킹맵의 사고기법을 활용해 본다. (개별 또는 협력학습)

적용 사례

**1** 글 속에 나와 있는 가게 이름 찾기

> 샛별 문방구, 우리 소 정육점, 뽀끄레 미용실, 새한마트

**2** 글 속에 나와 있는 가게 이름의 특징

> 우리말로 되어있다.
> 가게의 특징이 잘 나타나 있다.
> 재미있다.
> 알기 쉽다.

**3** 우리 동네에 있는 가게 찾고, 가게 이름 바꾸기

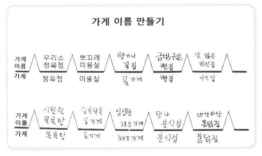 

**4** 가게 이름 꾸미고 최고 이름 선발하기

# 우리 동네 가게 이름 짓기

초등학교 　　학년 　　반 이름 　　

**1** 글 속에 나와 있는 가게 이름을 찾아 적어 봅시다.

**2** 글 속에 나와 있는 가게 이름의 특징은 무엇인가요?

**3** 우리 동네에는 어떤 가게가 있을까요? 가게의 이름을 글 속 가게 이름처럼 새롭게 바꾸어 지어 봅시다.

**4** 바꾼 이름 중 한 가지를 골라 가게의 특징이 나타나도록 예쁘게 꾸미고, 최고의 가게 이름을 뽑아 봅시다.

# 내 속에 있는 당당한 내 모습 그리기

　책 속의 주인공이 자신의 어려움을 이겨내고 꿈과 희망을 갖고 성장해가는 모습을 보는 것은 학생들에게 매우 의미있다. 학생들은 주인공을 통해 자신의 정체성을 이해하고 주인공이 문제를 어떻게 해결 해나가는지 보면서 자신에게 닥친 어려움들도 해결해 나갈 수 있는 의지와 지혜를 얻고 주인공처럼 참고 이겨내야겠다는 생각을 하게 된다. 학생들이 작품 속의 주인공과 친밀감을 느끼고, 주인공의 입장이 되어 나의 경우와 비교해 봄으로써 주인공처럼 용기를 갖고 자신 속의 당당한 모습을 찾아내어 표현해보는 활동이다.

 관련 성취기준

　[4국05-04] 작품을 듣거나 읽거나 보고 떠오른 느낌과 생각을 다양하게 표현한다.

 관련 구절

　양쪽 팔에 목발을 짚어야 간신히 걷던 영택이가 짧은 지팡이 하나만 짚고 걸었기 때문입니다. 갑자기 영택이가 아닌 다른 사람이 된 것만 같았습니다. ～
　서경이를 보고 활짝 웃는 석우는 그전처럼 영택이 가방을 메고 있었습니다.
　"모범상까지 받았으니까 너는 이제 졸업할 때까지 들어다 줘야 해."
　서경이가 웃으면서 말했습니다.
　"까짓것. 그러지 뭐."
　석우도 씩 웃었습니다.

 활동 절차

1. 늘 양쪽 팔에 목발을 짚어야 걸을 수 있었던 영택이가 수술 끝에 짧은 지팡이만 짚고 걸었을 때의 마음을 생각해 본다.
2. 석우가 어쩔수 없이 친구의 가방을 들어주다가 자신의 의지로 기쁘게 기꺼이 가방을 메고 가는 모습을 상상한다.
3. 주인공처럼 자신의 문제를 용기를 갖고 이겨낸 모습을 상상해 본다.
4. 몸 전체, 얼굴, 표정 등을 통해서 당당한 자신의 모습을 표현한다.
5. 친구들끼리 바꿔가며 격려 메시지를 적어준다.

◀ 활동 TIP

◦ 너무 그림을 그리는데 치중하지 않고 내면의 당당한 모습을 표현하는 것에 중점을 두도록 한다.

적용 사례

# 등장인물에게 칭찬하기

좋은 점이나 착하고 훌륭한 일을 높이 평가하는 말이나 행동을 칭찬이라고 한다. 칭찬하기 위해서는 책 속 등장인물의 말과 행동에 대한 자신의 생각과 판단이 필요하다. 그러므로 누군가를 칭찬하기 위해 학생들은 좀 더 깊이 있게 책 속 인물에 대해 생각해 보게 된다.

등장인물 중 칭찬해 주고 싶은 인물을 선정하여 칭찬해 주는 활동을 한 후 학급 친구들의 좋은 점, 잘한 점, 칭찬해 주고 싶은 점을 찾아 칭찬하는 활동을 한다.

'칭찬은 고래도 춤추게 한다'는 말이 있듯, 다른 사람을 칭찬하고 칭찬을 받는 과정을 통해 학생들은 서로에 대한 이해를 높이고 자존감을 향상하는 데 도움이 된다. 또한 다른 사람의 입장이 되어 말이나 행동을 생각해 봄으로써 다른 사람을 배려하는 마음을 기를 수 있을 것이다.

 ## 관련 성취기준

[4국02-05] 읽기의 경험과 느낌을 다른 사람과 나누는 태도를 가진다.

 ## 관련 구절

글 전체

 ## 활동 절차

1. 책 속 등장인물 중 칭찬하고 싶은 사람을 정한다.
2. 인물의 잘한 일, 좋은 점 등을 찾아본다.
3. 인물에 대해 칭찬하는 말을 적어 돌아가며 말하기를 한다.
4. 모둠별 활동 후 활동결과를 전시하여 학급전체가 공유한다.
5. 칭찬하는 활동을 해 본 후 실제 나의 짝의 좋은 점, 잘한 점을 찾아 칭찬하는활동을 한다.
6. 칭찬하는 활동을 한 후 생각이나 느낌을 이야기 한다.

### ◢ 활동 TIP

• 등장인물 중 각자 칭찬하고 싶은 사람을 추천하여 정한다.
• 정해진 인물의 칭찬할 점을 브레인라이팅 기법으로 찾는다.
• 짝을 칭찬하는 활동은 비쥬얼씽킹 카드를 활용하여 칭찬한다.
• 학급친구들과 서로 칭찬하는 시간을 가짐으로써 친구들과 행복한 감정을 나눌 수 있게 한다.

적용 사례

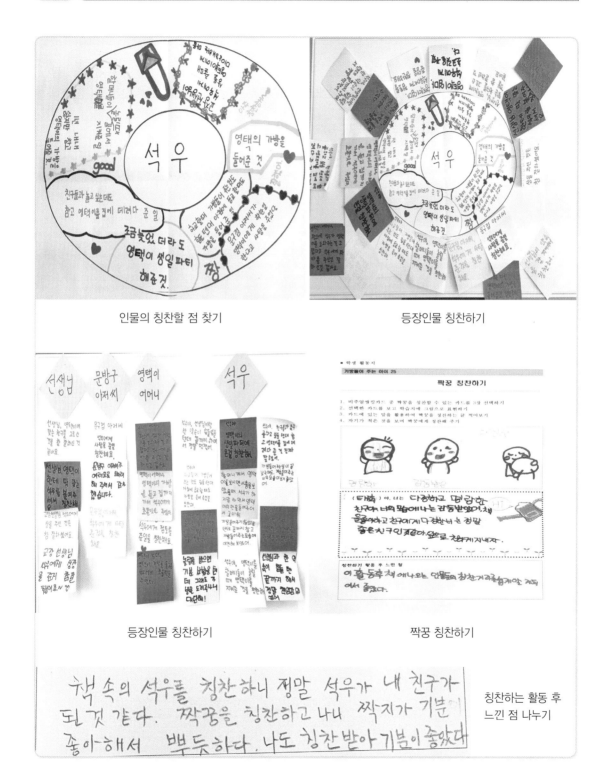

인물의 칭찬할 점 찾기

등장인물 칭찬하기

등장인물 칭찬하기

짝꿍 칭찬하기

칭찬하는 활동 후
느낀 점 나누기

# 등장인물에게 칭찬하기

초등학교　　　학년　　　반　이름

1. 비주얼씽킹카드 중 짝꿍을 칭찬할 수 있는 카드를 3장 선택하기
2. 선택한 카드를 보고 학습지에 그림으로 표현하기
3. 카드에 있는 말을 활용하여 짝꿍을 칭찬하는 글 적어보기
4. 자기가 적은 것을 보며 짝꿍에게 칭찬해 주기

|  |  |  |
|---|---|---|
|  |  |  |

(　　　) 야, 너는

〈칭찬하기 활동 후 느낀 점〉

# 책 광고 만들기

책을 읽은 후에 어떤 점에서 감동을 받았는지, 다른 사람과 공유하고 싶은 생각이나 느낌은 무엇인지를 학습하는 또 하나의 전략은 '책 광고 만들기'이다. 대상의 좋은 점을 짧은 글과 그림으로 소개하면서 구매 의욕을 일으키는 광고의 형식을 통해 자신이 받은 감동과 느낌을 표현할 수 있을 것이다.

## 관련 성취기준

[4국05-04] 작품을 듣거나 읽거나 보고 떠오른 느낌과 생각을 다양하게 표현한다.

## 관련 구절

표지를 포함한 책 전체

## 활동 절차

1. 광고의 특징을 간단하게 안내한다.
2. 이 책에서 다른 사람에게 알리고 싶은 내용이 무엇인지 생각하게 한다.
3. 알리고 싶은 내용을 어떻게 표현할 것이지 구상하게 한다.
4. 자신의 생각이나 의도가 잘 드러나도록 그림을 재구성해서 그리고, 알리고 싶은 내용을 간단한 문구(카피)로 써넣는다.
5. 활동이 끝나면 전체 학생의 작품을 한 곳에 전시하고 서로의 생각이나 느낌을 공유할 수 있다.

### 활동 TIP

- 5학년 이하의 학생이라면 광고라는 매체의 특징을 학습하지 않은 상태이므로 흔히 볼 수 있는 몇 가지의 광고를 제시하면서 표현 방법을 알려준다.
- 책에 있는 그림(표지를 포함)을 그대로 따라서 그리는 것이 아니라 자신이 나타내고 싶은 장면으로 재구성하여 표현하게 한다.
- 개인 활동이 끝나면 의자를 책상에 올리고 등받이에 작품을 붙여서 이젤 형태로 전시한 후에 자유롭게 관람하게 하면 생각을 공유할 수 있다.
- 혹은 활동이 끝난 순서대로 칠판에 붙이고 살펴보기도 활용한다.
- 관람 후에 스티커 보팅을 통해 '최고의 작품을 뽑아라!' 활동을 추가하면 알리고자 하는 내용이 잘 드러난 광고를 선택하는 비판적 안목을 길러줄 수도 있다.

### [책 광고 만들기]

☑ 책을 읽고 다른 사람에게 꼭 알리고 싶은 점을 생각하게 한다.

☑ 자신의 생각을 글과 그림을 써서 표현한다.

☑ 전체 관람을 통해 알리고 싶은 내용과 광고가 일치하는지 비판적으로 살펴보게 한다.

장애를 이겨내는 영택이를 알리는 광고

영택이와 석우의 우정을 알리는 광고

영택이와 석우가 서로 친해지는 과정을 알리는 광고

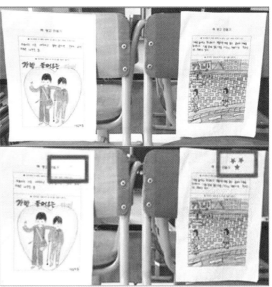

광고 전시 하기

## 책 광고 만들기

초등학교 [ ] 학년 [ ] 반 이름 [ ]

**1** 친구에게 이 책에 대하여 꼭 알리고 싶은 내용은 무엇인가요?

**2** 창의적인 방법으로 책 광고를 만들어 봅시다.

# 책 속 인물에게 상장 만들어 주기

책속 인물에게 상장 만들어 주기 활동은 글 전체를 꼼꼼히 읽고 책 내용을 다 공부한 후에 마무리 활동으로 해 볼 수 있는 활동이다.

이야기를 읽고 인물을 생각하며 인물이 한 말과 행동을 떠올리며 제시하는 가치 단어 표를 보고 자신의 가치를 표현할 수 있는 단어를 선택한다.

이야기를 읽고 인상적인 장면을 찾아보고 인물이 한 말과 행동에서 가치 단어와 연결하여 칭찬할 내용을 짧은 한 줄의 문장으로 표현해본다.

작품에서 얻은 깨달음을 바탕으로 인물에게 상을 만들어 줌으로써 바람직한 삶의 가치를 찾아보는 활동으로 의사소통능력과 창의적이고 비판적인 사고력 향상과 문화향유 능력을 신장할 수 있다.

## 관련 성취기준

[4국05-04] 작품을 듣거나 읽거나 보고 떠오른 느낌과 생각을 다양하게 표현한다.

## 관련 구절

글 전체

## 활동 절차

1. 「가방 들어 주는 아이」의 이야기를 꼼꼼하게 정독한다.
2. 이야기 속의 인상적인 장면을 떠올린다.
3. 인상적인 장면을 떠올리며 말과 행동, 그리고 인상적인 모습을 찾아본다.
4. 제시한 가치 단어 표 속에서 가치 단어를 선택한다.
5. 가치 단어를 사용하여 한 줄 문장으로 칭찬의 문장을 만든다.
6. 이야기 속의 인물이 추구하는 삶을 생각하며 인물에게 줄 상장을 만든다.

### 활동 TIP

- 가치 단어 카드를A4크기로 정리하여 코팅하고 하나씩 나눠줘서 활용한다.
- 가치 단어의 내용은 이야기 속에서 다양한 가치를 찾을 수 있도록 단어를 수집한다.
- 인물이 추구하는 삶의 가치를 생각해보게 한다.
- 상장의 형식을 나눠줘서 창의적으로 상장을 꾸미게 한다.

1. 이야기를 읽고 이야기 속의 인상적인 장면을 떠올려보고 아래의 가치단어에 동그라미를 한다.

| 성장 | 겸손 | 기회 | 탁월함 | 신뢰 | 자유 | 협동 | 공정 | 예의 | 질서 |
|------|------|------|--------|------|------|------|------|------|------|
| 화합 | 감정조절능력 | 창의성 | 극복 | 열정 | 존중 | 도전 | 성실 | 잠재력 | 아름다움 |
| 가름 | 평화 | 상상 | 감사 | 배려 | 진실함 | 실천 | 가치 | 즐거움 | 용기 |
| 호기심 | 나눔 | 정의로움 | 예의로움 | 지혜 | 확신 | 꿈 | 희망 | 목표 | 열정 |
| 행복 | 미소 | 웃음 | 미래 | 긍정 | 시작 | 생명 | 긍정 | 소중함 | 자신감 |

2. 이야기를 읽고 이야기 속의 인상적인 장면을 떠올려보며 가치단어를 연결하여 2~3개의 칭찬 문장을 만든다.

석우는 영택이를 인정해주어서 친해졌다.

석우는 한결같은 마음으로 명택이를 도와주었다

석우와 명택이는 서로에게 존중해주어 같은반이 되었다.

3. 이야기 속의 인물은 어떤 삶을 추구하는지 이유를 들어 기록한다.

이야기 속 인물인 ( 석우 )는 아름다운 사람이다.

그 이유는 처음에는 명택이 때문에 짜증을 내었지만 1년동안 가방을 들어주고 그에대가를 받을때 겸손했기 때문이다.

4. 이야기 속의 인물에게 칭찬의 말을 떠올리며 1,2,3번의 정보를 활용하여 상장을 만든다.

---

제 호

# 상 장

( 아름다움 )

## 우수상

이야기 속의 인물( 문석우 )

위 사람은 외적이 아닌 내면적인 모습에서 1년동안 묵묵히 명택이의 가방과 명택이의 친구가 되어주고 명택이를 위해 노력했으며 그의 대가를 받을때까지 명택이를 생각하며 받았으며 겸손하고 끝까지 친구를 생각했기에 내면적인 아름다움을

칭찬하며 이 상을 줍니다.

20( 17 )년 10월 26일

이 나 현

# 책 속 인물에게 상장 만들어 주기

| | 초등학교 | | 학년 | | 반 이름 | |
|---|---|---|---|---|---|---|

**1** 이야기를 읽고 이야기 속의 인상적인 장면을 떠올려보고 아래의 가치 단어에 동그라미를 한다.

| 성장 | 겸손 | 기회 | 탁월함 | 신뢰 |
|---|---|---|---|---|
| 화합 | 한결같음 | 창의성 | 극복 | 인정 |
| 기쁨 | 평화 | 상상 | 감사 | 배려 |
| 호기심 | 나눔 | 정의로움 | 여유로움 | 지혜 |
| 행복 | 미소 | 웃음 | 미래 | 긍정 |

| 자주 | 협동 | 공정 | 예의 | 질서 |
|---|---|---|---|---|
| 존중 | 도전 | 성실 | 잠재력 | 아름다움 |
| 진실함 | 실천 | 가치 | 즐거움 | 용기 |
| 확신 | 꿈 | 희망 | 목표 | 열정 |
| 시작 | 생명 | 균형 | 소중함 | 자신감 |

**2** 이야기를 읽고 이야기 속의 인상적인 장면을 떠올려보며 가치 단어를 연결하여 2~3개의 칭찬 문장을 만든다.

_____

_____

_____

_____

**3** 이야기 속의 인물은 어떤 삶을 추구하는지 이유를 들어 기록한다.

이야기 속 인물인 _____ 는 _____ 사람이다.

그 이유는 _____

_____ 때문이다.

**4** 이야기 속의 인물에게 칭찬의 말을 떠올리며 1,2,3번의 정보를 활용하여 상장을 만든다.

(          )에게 주는 상

제      호

# 상장

(                    )

## 우수상

이야기 속의 인물(          )

위 사람은 _____

_____

_____

_____

칭찬하며 이 상을 줍니다.

년          월          일

○ ○ ○

# 등장인물에게 편지 쓰기

등장인물에게 편지 쓰기 활동은 이야기 전체를 읽고 가장 인상 깊었던 장면을 떠올려 보고 그 장면에서의 등장인물의 말과 행동에 대한 자신의 생각과 느낌을 정리하여 등장인물에게 하고 싶은 말을 글로 정리하는 활동이다.

그러나 본 활동은 등장인물의 말과 행동에 대해 비판적인 시각으로 바라보고 그에 대해 하고 싶은 말을 글로 정리하기보다는 인상 깊었던 장면에서의 등장인물의 마음을 짐작해보고 그 마음에 공감하는 자신이 마음을 글로 표현하도록 구상하였다. 이는 이 책의 내용을 깊이 있게 이해하기 위해서는 등장인물의 말과 행동에 대한 비판적인 시각과 태도보다는 그 사람의 입장을 충분히 이해하고 공감하는 활동이 필요하기 때문이다.

이러한 활동을 통하여 학생들은 공감 능력과 함께 문학 작품을 좀 더 깊이 있게 이해할 수 있는 문화 향유 능력이 신장될 수 있을 것이다.

## 관련 성취기준

[4국05-05] 재미나 감동을 느끼며 작품을 즐겨 감사하는 태도를 가진다.

## 관련 구절

글 전체

## 활동 절차

1. 가방 들어 주는 아이를 꼼꼼하게 정독한다.
2. 이야기 속의 인상적인 장면을 떠올린다.
3. 인상적인 장면에서의 인상적인 장면에서의 인물의 마음을 색으로 표현한다.
4. 인상적인 장면을 색으로 표현한 이유를 간단한 문장으로 정리한다.
5. 등장인물에게 하고싶은 말을 3,4번의 정보를 활용하여 편지를 쓴다.

### 활동 TIP

- '색카드'를 활용하여 등장인물의 마음을 구체화 시킨다.
- 수업 전개 시에는 학습지보다는 색카드로 짝과 이야기를 나눈 후 한 사람이 이야기 나눈 내용을 발표하도록 한다.
- 색카드 대신 색연필로 색과 모양을 정하여 학습지에 표현하도록 할 수 있다.
- 편지지를 준비해서 나눠주어 편지 형식을 지켜서 쓰도록 안내한다.

인물의 마음 색으로 나타내기

1. 이야기를 읽고 이야기 속의 가장 인상에 남는 장면은 무엇인가요?

▶책의 쪽 수 : (65쪽 ~68쪽)

▶장면 내용 : 명택이 생일날 친구들이 명택이가 장애인이라서 오지 않았다는 말을 엿듣고 명택이가 장애인으로 태어난 날을 원망하며 울부짖는 장면

2. 인상 깊었던 장면을 색과 모양으로 표현하여 봅시다.

3. 2번과 같이 표현한 이유는 무엇입니까?

명택이가 살고 싶지 않을 정도로 절망스러웠을 것같아서 검은 색 눈물 방울로 나타내었다.

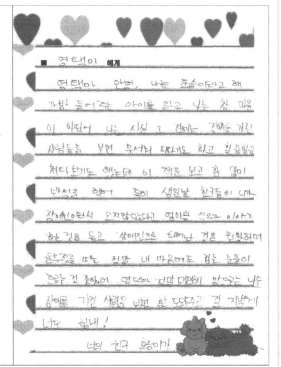

■ 명택이 에게

명택아 안녕, 나는 호승이란고 해 가방 들어주는 아이를 말야. 나는 참 미안 이 이딴어 나도 사실 그 전에는 장애를 가진 사람들을 보면 무서워 되기도 하고 빤물 말뚱 쳐다 보기도 했는데 이 책을 보고 참 많이 반성을 했어 특히 생일날 친구들이 너가 장애인이라서 오지않았다고 엄마랑 식으로 이야기 하는 것을 듣고 "장애인으로 태어난 것을 원망하며 울부짖을 때는 정말 내 마음에도 검은 눈물이 흐르는 것 같아 명택아 너무 미안해 앞으로 나누 장애를 가진 사람을 보면 한 따뜻고 걸 깨닫게 너두 힘내!

너의 친구 호승이가

등장인물에게 편지쓰기

학생 활동지

# 등장인물에게 편지 쓰기

초등학교     학년     반   이름

**1** 이야기를 읽고 이야기 속의 가장 인상에 남는 장면은 무엇인가요?

- 책의 쪽 수 : (        ~        )

- 장면 내용 :

 

 

 

**2** 인상 깊었던 장면을 색과 모양으로 표현하여 봅시다.

**3** 2번과 같이 표현한 이유는 무엇입니까?

에게

# 뒷이야기 상상하기

뒷이야기 상상하기 활동은 이야기 전체를 꼼꼼히 읽고 인상적인 장면에 따른 단어를 생각하여 쓰고 단어를 사용하여 이야기의 줄거리를 정리해본다.

스토리큐브는 육면체로 된 큐브로서 면마다 다양한 아이디어를 떠오르게 하는 장면이 그려져 있어서 뒷이야기를 상상하는 활동자료로서 활용할 수 있다.

상상할 이야기의 순서대로 스토리큐브를 선택하여 늘어놓고 이야기를 상상하고문장으로 상상한 내용의 뒷이야기를 정리한다.

이 활동은 이야기를 읽고 뒷이야기를 상상하는 활동으로 의사소통능력과 창의적이고 비판적인 사고력을 신장시킬 수 있다.

## 관련 성취기준

[4국0-04] 읽는 이를 고려하며 자신의 마음을 표현하는 글을 쓴다.

## 관련 구절

글 전체

## 활동 절차

1. '가방 들어 주는 아이'의 이야기를 꼼꼼하게 정독한다.
2. 이야기 속의 인상적인 장면을 생각하고 떠오르는 단어를 기록한다.
3. 단어를 사용하여 이야기의 줄거리를 정리한다.
4. 뒷이야기를 상상하면서 스토리큐브를 살펴본다.
5. 스토리큐브를 살펴보고 뒷이야기를 상상할 수 있는 스토리큐브를 선택한다.
6. 선택한 스토리큐브를 상상할 수 있는 이야기 순서대로 늘어놓고 상상한 이야기를 정리한다.

### ▶ 활동 TIP

- 정육면체의 큐브에 이야기를 만들 수 있는 하나의 상황이나 장면이 들어있다.
- 스토리큐브는 모둠용 낱개 9개 1세트로 되어있고 모둠 1개 정도 준비하여 나눠서 활용할 수 있다.
- 1인이 1개 이상의 스토리큐브를 활용하고 스토리 큐브를 보고 뒷이야기를 연상한다.
- 상상할 이야기의 순서대로 스토리큐브를 늘어놓고 이야기를 상상하여 기록한다.

**1** 스토리큐브 선정하기

**2** 스토리큐브에 따라 생각 열기

**3** 필요한 스토리큐브 늘어놓고 상상하여 적기

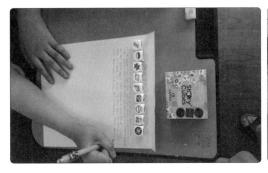

**4** 상상한 내용 완성하기

**5** 상상한 내용 만들기

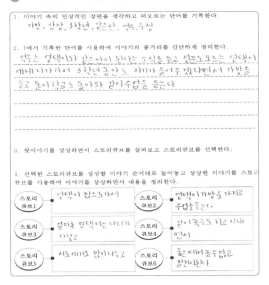

5. 뒷이야기를 상상하면서 스토리큐브를 이용하여 상상한 내용을 활용하여 뒷이야기를 정리한다.

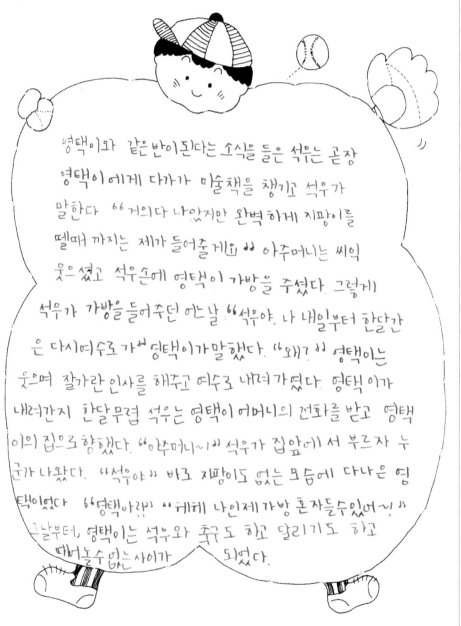

영택이와 같은 반이 된다는 소식을 들은 석우는 곧장 영택이에게 다가가 미술책을 챙기고 석우가 말한다 "거의다 나았지만 완벽하게 지팡이를 뗄때 까지는 제가 들어줄게요" 아주머니는 씨익 웃으셨고 석우손에 영택이 가방을 주셨다 그렇게 석우가 가방을 들어주던 어느날 "석우야. 나 내일부터 한달간은 다시여수로 가" 영택이가 말했다. "왜?" 영택이는 웃으며 잘가란 인사를 해주고 여수로 내려가졌다 영택이가 내려간지 한달무렵 석우는 영택이 어머니의 전화를 받고 영택이의 집으로 향했다. "아주머니~!" 석우가 집앞에 서 부르자 누군가 나왔다. "석우야" 바로 지팡이도 없는 모습에 다나은 영택이었다. "영택아?!" "케케 나이제 가방 혼자들수있어~!" 그날부터, 영택이는 석우와 축구도 하고 달리기도 하고 때어놀수 없는 사이가 되었다.

# 뒷이야기 상상하기

초등학교 [ ] 학년 [ ] 반 이름 [ ]

**1** 이야기 속의 인상적인 장면을 생각하고 떠오르는 단어를 기록한다.

**2** **1**에서 기록한 단어를 사용하여 이야기의 줄거리를 간단하게 정리한다.

**3** 뒷이야기를 상상하면서 스토리큐브를 살펴보고 스토리큐브를 선택한다.

**4** 선택한 스토리큐브를 상상할 이야기 순서대로 늘어놓고 상상한 이야기를 스토리큐브를 사용하여 이야기를 상상하면서 내용을 정리한다.

| 스토리 큐브 1 | |
|---|---|
| 스토리 큐브 2 | |
| 스토리 큐브 3 | |
| 스토리 큐브 4 | |
| 스토리 큐브 5 | |
| 스토리 큐브 6 | |

**5** 뒷이야기를 상상하면서 스토리큐브를 이용하여 상상한 내용을 활용하여 뒷이야기를 정리한다.

책 둘.

진정한 행복과 배움의 재미를 깨달아가는 삶의 이야기
「행복한 청소부」

## 1 책 소개

이 글을 쓴 작가 모니카 페트는 독일 하겐 시에서 태어나 문학을 전공하고 작은 시골 마을에 살면서 어린이와 청소년들을 위한 글을 쓰시는 분이다. 잔잔하면서도 많은 생각을 안겨주는 작품들로 하멜른 시 아동 문학상과 오일렌슈피겔 아동 문학상 등을 받으신 분이다.

독일에서 작가와 음악가들의 거리 표지판 청소부로 일하는 아저씨는 남들이 '최고'라고 인정할 정도로 열심히 일했고 자신의 일을 사랑했다.

그러던 어느 날 자신이 닦고 있는 표지판의 음악가와 작가에 대해 아는 것이 없다는 사실을 깨닫고 음악과 문학에 대해 공부하기 시작했다. 표지판을 닦을 때 자신이 알게 된 시, 음악, 문학에 대해 이야기하는 아저씨를 보며 사람들은 직업에 대한 고정관념을 깨뜨리게 되었다.

강의를 통해 청소부 아저씨는 점점 유명해졌지만 자신의 일에 최선을 다하고 그 일을 사랑했던 아저씨는 교수가 되어 달라는 요청을 거절하고 표지판 청소부 일을 계속하며 행복한 삶을 살았다.

어떤 일을 하든지 자신이 선택한 일을 통해 다른 사람을 유익하게 하고 즐거운 마음으로 최선을 다하는 것이 가장 행복한 삶이라는 생각을 하게 해준다.


## 2 선정 취지

- 직업에 대한 고정관념을 깨뜨리고 자신이 선택한 일에 대해 최선을 다하는 자세를 배울 수 있다.
- 음악가, 작가들에 대해 알고, 그 분들의 음악과 글을 접할 수 있다.
- 자신의 꿈에 대해 생각해보고 꿈을 이루기 위해 해야 할 일을 찾는데 도움이 된다.
- 진정한 행복이 무엇인지 생각하고 토의·토론해 볼 기회를 가질 수 있다.
- 부드러운 유화 그림을 통해 시각적인 아름다움을 느낄 수 있고 많은 상상력을 불러일으킬 수 있다.
- 국어, 도덕, 음악, 미술 교과 등과 융합수업을 할 수 제재가 다양하다.
- 문학적 감성이 풍부한 문장과 사람에게 가장 중요한 가치를 발견하게 하는 내용으로 문학적 가치가 높다.

## 3 독서 활동 내용 구성

| 과정 | 영역 | 순 | 주제 | 본문 쪽 수 |
|---|---|---|---|---|
| 읽기전 | 예상하기 | 1 | • 표지와 그림 보고 책과 친해지기 | 116 |
| | | 2 | • 책 제목으로 느낌과 생각 표현하기 | 119 |
| 읽기중 | 질문하며 읽기 | 3 | • 글 전체 내용 통독하기 | 121 |
| | | 4 | • 하브루타 하기 | 123 |
| | | 5 | • '고정관념' 낱말 속으로 | 128 |
| | | 6 | • 작가와 음악가 조사하기 | 133 |
| | 내용 이해하고 요약하기 | 7 | • 이미지로 표현하기 | 136 |
| | | 8 | • 등장인물에게 인터뷰하기 | 138 |
| | | 9 | • 동전 던지기 | 141 |
| | | 10 | • 라디오극 하기 | 143 |
| | 체험하기 | 11 | • 내가 갖고 싶은 직업 찾기 | 146 |
| | | 12 | • 우리 나라의 작가와 음악가 거리 조사하기 | 149 |
| | | 13 | • 청소부 옷 디자인하기 | 153 |
| | | 14 | • 마음에 드는 구절 소개하고 책갈피 만들기 | 155 |
| | 만들기 | 15 | • 나만의 사전 만들기 | 157 |
| | | 16 | • 행복한 삶에 대해 토의하기 | 161 |
| | 토의·토론 하기 | 17 | • 가치수직선 토론하기 | 164 |
| | | 18 | • 시 바꾸어 쓰기 | 167 |
| 읽기후 | 독후 활동 및 표현하기 | 19 | • 작가에게 편지쓰기 | 170 |
| | | 20 | • 책을 알리는 광고 만들기 | 174 |
| | | 21 | • 비유적인 표현 이해하기 | 177 |

※ 읽기 전, 중, 후 과정은 교사 의도에 따라 재구성 할 수 있다.

# 표지와 그림 보고 책과 친해지기

책의 표지는 생각보다 많은 것을 말한다. 먼저 책에서 가장 중요한 제목이 있다. 책에서 제목은 책의 주제를 나타내기도 하고 작가가 독자에게 말하고 싶은 의미를 함축적으로 담아 표현하기 때문에 책을 읽기 전 제목의 의미를 생각해 보는 것이 중요하다.

표지에는 제목과 함께 표지 그림이 있다. 단순히 책을 아름답게 포장하기 위해 그려지거나 디자인 된 것이 아니라 좋은 책은 표지 그림 역시 책의 내용과 주제를 함축적으로 보여준다. 표지 그림속에는 주인공이나 중요한 장소, 작품을 이해하기 위한 상징적인 이미지가 등장하기 때문에 표지를 보며 제목과 그림을 함께 연결하여 연상하기 활동을 해보면 좋다.

이처럼 표지의 여러 정보가 학생의 생각을 열기 시작한다. 읽기 전 활동을 통해 책 읽기 몰입도와 이해의 폭을 넓여 주도록 하자. 이제 책의 표지부터 하나하나 자세히 보자. 그동안 보이지 않았던 새로운 생각이 보일 것이다.

## 관련 성취기준

[국1623-2] 글의 제목이나 삽화, 차례 등을 보고 글의 내용을 추론할 수 있다.

## 관련 구절

책의 겉표지 및 제목

## 활동 절차

1. 책의 겉표지를 살펴본다.
2. 표지의 그림을 자세히 관찰하게 한다.
   - 얼굴 표정, 색의 느낌을 말할 수 있도록 한다.
3. 제목에 담긴 뜻을 생각한다.
   - '행복' 낱말로 브레인스토밍을 한다.
   - '청소부'에 대해 알고 있는 느낌, 생각을 나눈다.
4. 표지에 나와 있는 출판사, 지은이 등을 더 찾아본다.

### ◀ 활동 TIP

• 책의 내용과 관련짓지 말고 학생들이 자유롭게 이야기 할 수 있도록 분위기 조성한다.
• 제목, 표지 얼굴 사진의 표정 뿐 아니라 색깔의 분위기를 생각해볼 수 있도록 한다.
• 표지 읽기를 하고 난 다음 간단히 제목에 대해서도 이야기를 나눌 수 있도록 한다.

**[표지 보고 떠오르는 생각 말하기]**

☑ 책 표지를 보고 떠오르는 생각을 자유롭게 적을 수 있도록 한다.

☑ 서클맵으로 자신의 생각을 브레인스토밍하게 한다.

☑ 짝, 모둠, 전체, 어떤 형태로든 가능하다.

1모둠의 결과물

2모둠의 결과물

3모둠의 결과물

4모둠의 결과물

적용 사례 2

**[제목, '행복한 청소부'에서 '행복'에 대한 생각 나누기]**

☑ 붙임 쪽지에 '행복'하면 떠오르는 낱말을 적는다.

☑ 칠판에 나와서 학급 전체가 자기가 쓴 것을 붙인다.

☑ 모둠원이 의논하여 분류 통합한 붙임 쪽지를 적합한 위치에 붙인다.

개인이 적는다.

쓰는 대로 칠판에 붙인다.

전체를 붙인 그림

학생들과 함께 분류한다.

# 책 제목으로 느낌과 생각 표현하기

읽기 전 활동으로 책의 제목과 관련된 낱말로 이야기의 내용이나 내재된 느낌과 생각을 표현하여 '청소부'에 대한 각자의 이미지를 표현하는 활동이다.

이 활동은 'Thinking Maps'의 하나인 '버블 맵'(Buble Map)을 활용하여 '청소부'와 '행복한 청소부'에 대한 느낌과 생각을 묘사하는 것으로 먼저 각자의 학습지에 '청소부'하면 떠오르는 생각이나 느낌을 버블 맵으로 적고 적은 내용을 1~2 문장으로 정리한다. 다음으로 '행복한 청소부'에 대한 느낌과 생각('왜 청소부가 행복했을까?'를 추측하면서)을 버블 맵으로 나타내고 1~2 문장으로 정리한다. 정리된 내용은 회전목마나 돌려 읽기를 통해 서로의 느낌과 생각을 공유할 수도 있다.

이를 통해 각자가 생각하는 '행복한 청소부'에 대한 다양한 이유와 근거를 가지고 작품의 내용 전개에 호기심을 가지게 되고 자신의 생각을 비교해 가면서 흥미를 가지고 작품에 접근해 갈 수 있을 것이다.

### 관련 성취기준

[국1623-2] 글의 제목이나 삽화, 차례 등을 보고 글의 내용을 추론할 수 있다.

### 관련 구절

책 제목과 표지 그림

### 활동 절차

1. '버블 맵' 안내 한다.
2. '청소부'묘사하고 1~2 문장으로 정리 한다.
3. 생각 공유하기(회전목마. 버블 맵 돌려 읽는다.)
4. 생각과 느낌을 발표 한다.

**활동 TIP**

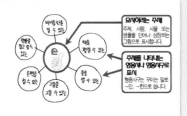

- 주변의 청소부(학교, 거리, 지하철 등)를 떠올리도록 하고 청소부와 관련된 일반적인 생각이나 특징(임금, 직업 선호도, 모습, 표정 등)을 생각해 보도록 이끈다.
- 묘사를 할 때 굳이 형용사로 표현하지 않아도 된다.
- '행복한 청소부'를 표현할 때에는 자신이 생각하는 행복에 대한 관점을 접목하여서 청소부가 왜 행복했을 지를 생각하며 표현하도록 이끈다.

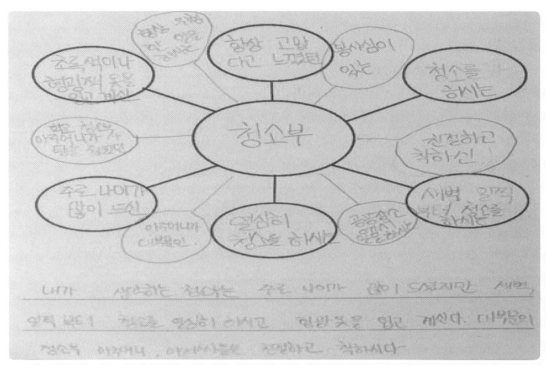

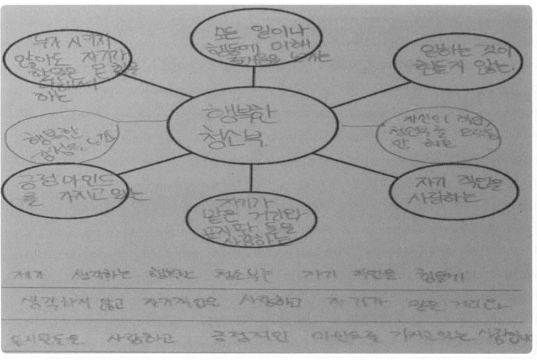

# 글 전체 내용 통독하기

작품 속 인물은 다양한 활동을 하면서 이야기를 전개한다. 이 이야기에는 청소라는 행위 자체를 즐기던 인물이 자신이 닦고 있는 표지판의 주인공인 작가와 음악가들에 대해 실제로 아는 것이 없었다는 자각을 하고 작가와 음악가를 이해하는 긴 여정을 걸음으로써 비로소 음악과 문학을 아는 행복한 청소부로 다시 태어나게 된다.

짧은 이 이야기에 나오는 인물의 다양한 경험을 통하여 독자 학생이 따라 하거나 직접 해보고 싶은 활동을 찾아보고 의사결정 그리드 방식으로 활동의 우선순위를 정하는 것도 유용한 경험이 될 것이다.

이러한 활동은 수동적인 텍스트의 수용이 아니라 깊고 넓은 읽기의 중요한 과정이라고 할 수 있다.

## 관련 성취기준

[4국02–01] 문단과 글의 중심 생각을 파악한다.

## 관련 구절

글 전체

## 활동 절차

1. 모둠별로 읽는 방법을 선택하여 읽게 한다.
   – 예를 들어 한 문장씩 읽기, 한바닥씩 읽기, 틀리면 받아 읽기 등 다양한 방 법으로 읽게 한다.
   – 모둠원이 들을 수 있는 목소리로 소리 내어 읽게 한다.
2. 읽는 중에 인상 깊은 표현을 찾아 기호나 글로 표시해둔다.
   – 감동적인 부분에 형광펜으로 표시하거나
   – 의문이 되는 곳에는 물음표(?), 감동적인 부분에는 느낌표(!), 모르는 낱말에는 네모 (ㅁ)로 표시하는 형태이다.
3. 모둠별로 읽기를 끝내면 자신이 표시한 부분을 보고 이야기를 나눈다.
4. 시간이 허용되는 범위내에서 두 번 읽기도 할 수 있도록 한다.

### 활동 TIP

- 책의 내용과 관련짓지 말고 학생들이 자유롭게 이야기 할 수 있도록 분위기 조성한다.
- 제목, 표지 얼굴 사진의 표정 뿐 아니라 색
- 각 모둠의 의사결정판을 칠판에 붙이고 같은 점과 다른 점을 공유한다.

**[모둠별로 다양한 방법으로 읽기]**

☑ 학급에서 책을 처음부터 끝까지 읽기란 쉽지 않다. 읽는 학생과 몇 명의 학생이 집중을 할 뿐 지켜워하는 모습으로 앉아있다. 그래서 모둠별로 읽는 방법을 선택하면 학생들은 더욱 재미있어 하며 학생 개인이 읽는 양이 많아져 효과적이다. 그리고 교과서에 기호로 표시하며 읽기를 하면 더욱더 흥미롭게 읽을 수 있다.

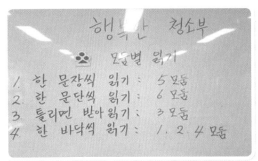

모둠별로 책 읽는 방법을 선택한다.

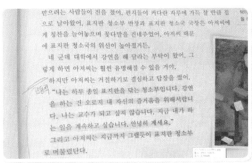

감동적인 부분 표시한 예

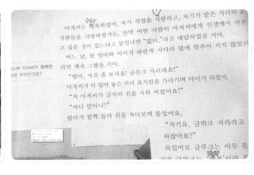

읽는 중에 기호로 표시한 예

인상 깊은 구절 표시한 예

모르는 낱말에 표시한 예

# 하브루타 하기

읽기 중 공부에서 텍스트의 내용 파악하기는 독서 활동의 기본이 된다. 내용 이해도를 알아보기 위해 교사가 묻고 학생이 답하는 방식을 바꾸어 학생이 스스로 질문거리를 찾아내어 동료들과 묻고 답하는 활동으로 운영한다면 학생들의 적극적인 참여를 이끌어낼 뿐 아니라, 능동적인 독자로 성장하는 데 밑거름이 될 것이다.

 관련 성취기준

[6국01–01] 구어 의사소통의 특성을 바탕으로 하여 듣기·말하기 활동을 한다.
[6국01–06] 드러나지 않거나 생략된 내용을 추론하며 듣는다.
[6국02–01] 읽기는 배경지식을 활용하여 의미를 구성하는 과정임을 이해하고 글을 읽는다.
[6국02–03] 글을 읽고 글쓴이가 말하고자 하는 주장이나 주제를 파악한다.

 관련 구절

글 전체

 활동 절차

1. 표지 보고 하브루타를 한다. '표지를 통해 알고 싶은 내용 찾기'는 읽기 전 활동으로 슬로리딩 전체 과정 중에서 가장 먼저 시도하는 것이 효과적이다.
2. 내용 하브루타는 전체 이야기를 통독한 후에 시도한다.
   가. 이야기 전체를 대상으로 하브루타를 할 수도 있으나
   나. 전체를 몇 부분으로 나누고 일부분으로 하브루타를 하는 것이 효과적일 경우도 있음
3. 단계별 하브루타를 한다.
   가. 1단계 하브루타–책에 답이 있는 사실적인 내용을 묻고 답한다.
   나. 2단계 하브루타–책에 답이 없는 추론적인 내용을 묻고 답한다.
   다. 3단계 하브루타–책에 답이 없는 비판적인 물음을 찾되, 다양한 생각을 이끌어 낼 수 있는 폭이 넓거나 깊은 생각을 할 수 있는 내용이어야 한다.

▶ **활동 TIP**

○ 2인 1조로 짝을 이루어 하브루타를 운영한다.
○ 처음에는 한두 쪽으로 범위를 한정하여 묻고 답하는 것이 효과적이다.
○ 1단계 하브루타는 처음에는 짝과 팀을 이루어 운영하고, 같은 범위에서 묻고 답하되 앞뒤로 앉은 학생으로 팀을 바꾸어서 한 번 더 하브루타를 하게 하면 훨씬 더 풍부한 내용을 주고받을 수 있다.
○ 2단계 하브루타는 이야기에 드러난 정보를 바탕으로 드러나지 않은 내용을 추론할 수도 있고 자신이 알고 싶거나 궁금한 점을 묻고 답할 수도 있다.
○ 2단계 하브루타가 끝나면 자신의 질문 가운데에서 가장 좋다고 생각하는 것을 발표하도록 하여 질문을 공유할 수 있도록 한다.

**[표지 보고 하브루타 하기]**

☑ 표지에 있는 그림, 제목, 간단한 소개 글을 통하여 알고 싶은 점을 다양한 관점에서 찾아보게 한다.

☑ 학생 각자 알고 싶은 점을 붙임 쪽지 등에 브레인 라이팅으로 써보게 한 후, 모둠에서 돌아가며 말하기로 발표하게 한다.

☑ 전체 학생들이 알고 싶은 점을 분류, 통합하면 몇 가지로 범주화 할 수 있다.

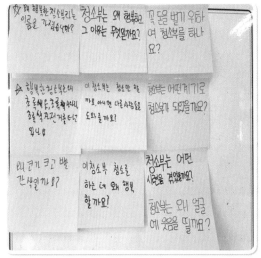

표지보고 알고 싶은 점-모둠별로 모은 것(1)
청소부의 이름, 월급, 사다리의 용도, 복장 등 다양한
물음이 제시됨

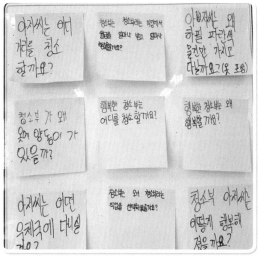

표지보고 알고 싶은 점-모둠별로 모은 것(2)
청소하는 장소, 청소부라는 직업을 선택한 이유 등의 물
음이 제시됨

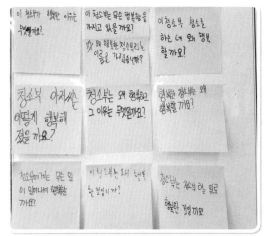

표지보고 알고 싶은 점을 범주화하기(1)
-청소부가 행복한 이유에 대한 물음-

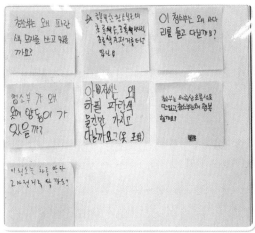

표지보고 알고 싶은 점을 범주화하기(2)
-청소부의 복장, 물건에 대한 물음-

**[청소부는 왜 행복할까요? 라는 물음에 대한 하브루타]**

☑ 라운드 로빙 전략지 활용—자신이 생각하는 청소부가 행복한 이유를 쓰고 모둠원에게 설명한다.

☑ 전략지를 다음 사람에게 넘기면 자신이 생각하는 이유를 쓰고 설명한다.

☑ 더 이상 아이디어가 나오지 않을 때까지 전략지를 돌린다.

☑ 활동이 끝나면 멀티 보팅으로 가장 좋은 이유를 두세 가지 정하고 발표한다.

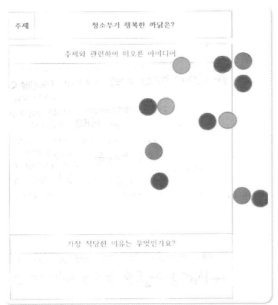 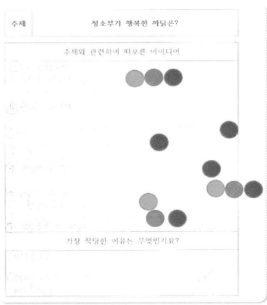

라운드 로빙 전략으로 '청소부가 행복한 까닭'에 대한 답 찾기

라운드 로빙 전략을 통해 선택된 이유를 모둠 대표가 발표하기

적용 사례 3

### [내용 하브루타 하기(1단계)]

☑ 2인 1모둠으로 짝을 정한다.

☑ 이야기의 범위를 정하고 통독하면서 질문할 거리를 찾게 한다.

☑ 책을 펼쳐서 서로 보이게 놓은 후 짝과 마주보고 앉아서 책에 답이 있는 문제를 묻고 답한다.

☑ 일정한 시간이 지난 후 짝을 바꾸어(앞뒤 학생을 팀으로 구성) 책에 답이 있는 문제에 대해 하브루타를 하게 한다.

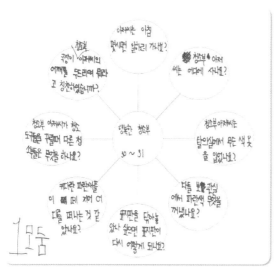

책에 답이 있는 문제에 대한 하브루타(1)
자신이 찾은 대표 물음을 버블맵에 기록

책에 답이 있는 문제에 대한 하브루타(2)
가운데 쪽수는 '6-1-국어활동 가'의 쪽수

각자 찾은 대표 문제를 붙임 쪽지에 쓰고
전체를 한 곳에 모은 것

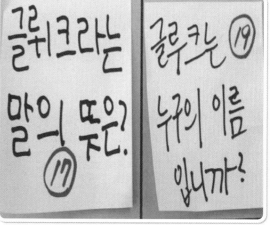

책에 답이 있는 문제 하브루타하기
동그라미 속의 숫자는 전체 이야기에 붙인형식 문단 번호

126

## 적용 사례 4

### [내용 하브루타 하기(2단계)]

☑ 2인 1모둠으로 짝을 정한다.

☑ 이야기의 범위를 정하고 통독하면서 질문할 거리를 찾게 한다.

☑ 책을 펼쳐서 서로 보이게 놓은 후 짝과 마주보고 앉아서 책에 답이 없지만 내용 파악에 필요한 문제나 알고 싶은
점을 묻고 답한다.

☑ 활동이 끝나면 자신이 찾은 추론적 질문 가운데에서 가장 좋은 문제를 발표하고 학급 학생 전체가 공유한다.

책에 답이 있는 문제에 대한 하브루타(1)
자신이 찾은 대표 물음을 버블맵에 기록

책에 답이 있는 문제에 대한 하브루타(2)
34-35쪽의 이야기를 바탕으로 찾은 질문

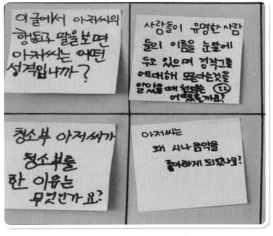

각자 찾은 대표 문제를 붙임 쪽지에 쓰고
전체를 한 곳에 모은 것

책에 답이 있는 문제 하브루타하기
동그라미 속의 숫자는 전체 이야기에 붙인형식 문단 번호

127

**행복한 청소부 5**
**읽기 중**

# '고정관념' 낱말 속으로

글 속에 나와 있는 낱말 중 좀 더 깊이 알아보고자 하는 낱말을 선정하여 낱말과 관련된 다양한 연결고리를 떠 올려 보고 활동을 함으로서 낱말을 보다 깊고 넓게 이해하게 하는 활동이다.

선택한 낱말에 대하여 평소 자기의 생각, 사전적 의미, 비슷한 말, 반대말 등을 찾아보고 그 낱말이 쓰일만한 상황 등을 활동을 통하여 찾아본다. 본 활동에서는 이야기 속의 '고정관념'이라는 낱말을 조사해 보고 '고정관념'이 들어있는 문장을 외워본 후 자기만의 글로 바꿔 본다. 또한 우리가 버려야할 고정관념에는 어떤 것들이 있는지 생각해 보고 모둠원 또는 전체 학생들과 소통하면서 버려야할 고정관념에 대해 알아본다.

이러한 활동은 낱말의 뜻에 대한 정확한 인식 뿐 아니라. 그 낱말이 사용되는 상황을 새롭게 발견하게 하고 어휘력을 풍부하게 한다.

 **관련 성취기준**

[6국04–03] 낱말이 상황에 따라 다양하게 해석됨을 탐구한다.

**관련 구절**

대부분의 어른들은 표지판 청소하는 사람 따로 있고, 시와 음악을 하는 사람은 따로 있다고 생각하잖니. 청소부가 시와 음악을 알 거라고는 상상도 못하지. 그런데 그렇지 않는 아저씨를 보자 그들의 고정관념이 와르르 무너진 거야. 그들의 고정관념은 수채통으로 들어가. 타버린 종이조각처럼 산산이 부서졌어.

 **활동 절차**

1. 이야기 속 핵심 낱말을 선정한다.
2. 자신이 생각하는 뜻을 먼저 생각해 본 후 사전에서의 뜻을 찾아본다.
3. 이야기에서 핵심 낱말이 들어가 있는 구절을 찾아 쓴다.
4. 핵심 낱말을 넣어 문장을 바꿔 써 본 후 모둠별로 발표한다.
5. 모둠별로 핵심 낱말에 대해 토의한 후 발표한다.

◀ **활동 TIP**

∘ 핵심 낱말이 들어 있는 구절을 외울 때 소리 내어 읽고 외우도록 한다.
∘ 문장 바꿔 쓰기를 할 때는 개인 활동 후 모둠 활동으로 하면 더욱 다양한 내용을 얻을 수 있다.
∘ 평소 가지고 있는 고정관념이나 버릴 고정관념에 대하여 모둠별로 충분히 토의하도록 한다.

대부분의 어른들은 표지판 청소하는 사람 따로 있고, 시와 음악을 하는 사람은 따로 있다고 생각하잖니. 청소부가 시와 음악을 알 거라고는 상상도 못하지. 그런데 그렇지 않는 아저씨를 보자 그들의 고정관념이 와르르 무너진 거야. 그들의 고정관념은 수채통으로 들어가.타버린 종이조각처럼 산산이 부서졌어.

**1** '고정관념'에 대한 낱말을 찾아 그 뜻을 알아봅시다.

〈내가 생각하는 뜻〉

너무 당연하게 되어버린 사람들의 생각.

〈사전의 뜻〉

1. 잘 변하지 않는 확고한 생각이나 의식

2. 어떤 집단들의 대한 단순하고 지나치게 일반화된 생각들.

고정관념

〈비슷한 말〉

· 고집불통
· 융통성이 없다
· 굳어진 생각

〈반대 되는 뜻〉

· 융통성
· 유연성

**2** 밑줄 친 부분의 구절을 쓰고 외워 봅시다.

그들의 고정관념은 수채통으로 들어가, 타버린 종이조각처럼 산산이 부서졌어.

**3** '고정관념'을 넣어 밑줄 친 문장을 바꿔 써 봅시다.

① 그들의 고정관념은 공기중으로 올라가 바람을 타고 사라져 버렸어.

② 그들의 고정관념은 쓰레기통으로 들어가 수많은 쓰레기들의 파묻혀 버렸어.

③ 그들의 고정관념은 모닥불 속에서 장작처럼 타버리고 말았어.

④ 그들의 고정관념은 수증기가 되어 구름 속으로 사라져 버렸어.

⑤ 그들의 고정관념은 바람을 타고 멀리 멀리 날아가 버렸어.

⑥ 그들의 고정관념은 화석처럼 땅에 묻혀 버렸어.

**4** 우리가 버려야 할 '고정관념'은 어떤 것이 있을까요? 모둠별로 토의해 봅시다.

- 외국인처럼 생겼으면 외국인이다.
- 미국을 좋아해야 한다.
- 아프리카 사람은 못 산다.

- 외모로 사람을 판단한다.
- 여자는 예뻐야 한다.
- 남자는 치마를 입으면 안된다.

우리가 버려야 할 고정관념은?

- 여자는 머리를 길러야 한다.
- 여자는 운동을 못한다.
- 못생기면 못 사귄다.
- 집안일은 여자가 한다.

- 공부를 잘해야 좋은 직업을 가진다.
- 영구는 바보다.
- 안경을 쓰면 공부를 잘 하는 것처럼 생각한다.

# '고정관념' 낱말 속으로

| | 초등학교 | | 학년 | | 반 이름 | |
|---|---|---|---|---|---|---|

> 대부분의 어른들은 표지판 청소하는 사람 따로 있고, 시와 음악을 하는 사람은 따로 있다고 생각하잖니.
> 청소부가 시와 음악을 알 거라고는 상상도 못하지. 그런데 그렇지 않는 아저씨를 보자 그들의 고정관념
> 이 와르르 무너진 거야.
> *그들의 고정관념은 수채통으로 들어가, 타버린 종이조각처럼 산산이 부서졌어.*

**1** '고정관념'에 대한 낱말의 뜻을 알아봅시다.

〈내가 생각하는 뜻〉

〈사전의 뜻〉

**고정관념**

〈비슷한 말〉

〈반대 되는 뜻〉

**2** 밑줄 친 부분의 구절을 쓰고 외워 봅시다.

131

**3** '고정관념'을 넣어 밑줄 친 문장을 바꿔 써 봅시다.

① _____

② _____

③ _____

④ _____

⑤ _____

**4** 우리가 버려야 할 '고정관념'은 어떤 것이 있을까요? 모둠별로 토의해 봅시다.

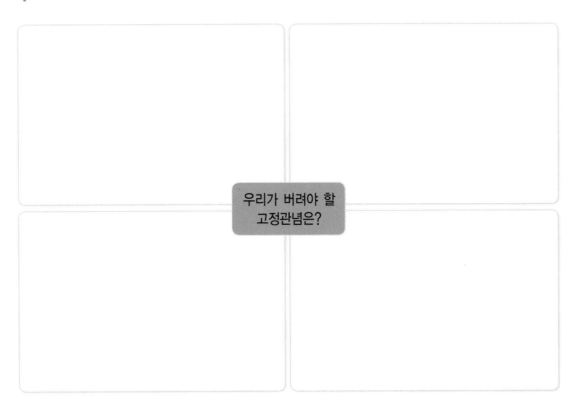

우리가 버려야 할
고정관념은?

# 작가와 음악가 조사하기

글에 나오는 작가와 음악가들에 대해 조사하고 조사한 내용을 다양한 매체 자료를 활용하여 효과적으로 전달하도록 하는 활동이다.

의미를 모르고 작가와 음악가의 이름이 적힌 표지판을 닦던 아저씨가 자신이 청소하는 거리의 작가와 음악가들의 이름을 알아감을 통하여 그것이 아저씨에게는 어떠한 의미가 있는 일이 되었을지 생각해보고, 우리의 일상에서도 무의미하게 지나가는 많은 것들이 앎을 통하여 우리에게 유의미한 것으로 다가올 수 있도록 체험해 볼 것이다.

이러한 활동을 통하여 자료·정보 활용 역량과 의사소통 역량이 길러질 수 있으며 적절한 매체를 활용하여 효과적으로 발표하는 능력 또한 기를 수 있을 것이다.

 관련 성취기준

[6국01-05] 매체 자료를 활용하여 내용을 효과적으로 발표한다.

 관련 구절

문을 열고 들어서자마자 아저씨는 종이와 연필을 찾아 이름을 죽 썼어
*글루크-모차르트-바그너-바흐-베토벤-쇼팽-하이든-헨델*

그리고 종이를 뒤집어 뒷면에다 새로운 이름들을 썼어. 이번엔 작가들 이름이었어.
*괴테-그릴파르처-만-바흐만-뷰슈-브레히트-실러-슈터름-케스트너*

 활동 절차

1. 모둠별 조사할 작가나 음악가를 선택한다.
2. 모둠별로 조사 내용과 발표할 때 활용할 매체 자료를 정한다.
3. 작가와 음악가를 조사하여 발표 자료를 만든다.
4. 발표하고 모둠별 상호 평가 한다.
5. 앎이 어떠한 의미를 지닐 수 있는지 생각을 나눈다.

**활동 TIP**

◦ 조사 및 발표 자료 제작은 모둠학습실 등 컴퓨터가 사용 가능한 환경에서 하는 것이 좋다.
◦ 활용할 매체와 발표 방법은 가능한 모둠별로 겹치지 않도록 한다.
◦ 조사 및 발표 시 모둠원의 역할을 구체적으로 정하여 무임승차하는 아동이 없도록 한다.

**행복한 정소부 9**

## 작가와 음악가 조사 발표하기

### 조사·발표 학습 계획서

| 조사할 음악가 | 모차르트 | | 모둠명 | 꿀뚝기 |
|---|---|---|---|---|
| 조사할 내용 | · 모차르트가 태어난 곳 때<br>· 모차르트의 가족 (특징?)<br>· 모차르트가 작곡한 음악<br>· 모차르트 음악의 특징?<br>· 모차르트가 음악가가 되기 위해 한 노력 | | | |
| 발표에 활용할 매체 | PPT | | | |

| 역할 분담 | 이름 | 조사<br>(내용 및 방법) | 자료 제작 | 발표 |
|---|---|---|---|---|
| | 김아람 | 태어난 곳 때 가족 | 글자 입력 | PPT 넘기기 |
| | 지연서 | 음악의 특징 | 마무리하기(인사, 제목) | |
| | 정찬우 | 작곡한 음악 | 음악사진 찾기 | 발표 1 |
| | 김진빈 | 음악가가 되기위한 노력 | 글 정리 | 발표 2 |

| 모둠 규칙 | · 다 함께 참여하기 · 정해진 시간까지<br>· 모이는 시간 지키기 완성하기 |
|---|---|
| 준비물 | USB, 찾은 자료(복사해 오기) |

모둠별 사전 계획 학습지

### 모차르트 음악의 특징

1. 친근하게 느껴지면서도 아주 깊이가 있음
2. 고전 음악의 모든 주요 장르, 오페라, 교향곡, 현악 4중주, 소나타를 골고루 작곡함
3. 다양한 독주 악기를 위한 협주곡을 씀
4. 모차르트는 오페라의 표현력을 매우 풍부하게 만들었음
5. 관습을 얽매이지 않고 자신의 생각대로 작곡함

### 목차
1. 생애
   - 태어난 곳, 때, 가족
2. 어린 시절
3. 영향
   - 모차르트가 받은 영향
   - 모차르트가 후세에게 준 영향
4. 대표적인 음악과 그 특징

모둠 발표 자료

# 작가와 음악가 조사하기

초등학교　　　학년　　　반　이름

## 조사 · 발표 학습 계획서

| 조사할 음악가 | | 모둠명 | |
|---|---|---|---|
| 조사할 내용 | | | |
| | | | |
| | | | |
| | | | |
| | | | |
| 발표에 활용할 매체 | | | |

| 역할 분담 | 이름 | 조사 (내용 및 방법) | 자료 제작 | 발표 |
|---|---|---|---|---|
| | | | | |
| | | | | |
| | | | | |
| | | | | |

| 모둠 규칙 | |
|---|---|
| 준비물 | |

# 이미지로 표현하기

과거가 텍스트의 시대였다면 현재는 비주얼 시대이다. 비주얼 자료가 많아지는 까닭은 스마트 시대에 수많은 정보를 텍스트로 주고받기에는 정보의 양이 너무 많고, 텍스트보다 이미지가 사람들의 참여와 몰입을 더 잘 이끌어 낼 수 있기 때문이다.

「행복한 청소부」를 비주얼씽킹으로 정리하면 이야기의 내용을 깊이있게 이해하게 되고 이미지를 보며 다른 사람과 공감하여 소통할 수 있다. 이야기 내용 흐름에 따라 표현하기도 하고, 인상적인 장면을 비주얼씽킹하면서 소통과 협력은 자연스럽게 이루어진다. 따라서 이야기 내용을 텍스트로 정리하는 것보다 비주얼씽킹이라는 매체를 활용하여 표현하면 감성적, 총체적, 능동적, 매력적으로 발표할 수 있다.

 ## 관련 성취기준

[6국05-05] 작품에 대한 이해와 감상을 바탕으로 하여 다른 사람과 적극적으로 소통한다.
[6국01-05] 매체 자료를 활용하여 내용을 효과적으로 발표한다.

 ## 관련 구절

[글 전체]
　탈의실에서 파란색 작업복으로 갈아입고, 파란색 고무장화를 신고, 비품실로 건너가, 파란색 사다리와 파란색 물통과 파란색 솔과 파란색 가죽 천을 받았어. 그런 다음 다들 자전거 보관실에서 파란색 자전거를 꺼내 타고 청소국 문을 나섰어.
　표지판 청소부들이 자전거를 타고 떠나는 모습은 정말 볼만했어. 마치 커다란 파란 새들이 떼지어 둥지를 떠나는 것 같았지.

 ## 활동 절차

1. 이야기 전체 내용을 읽으며 중요 내용 및 핵심 단어를 찾는다.
2. 핵심단어 및 중요 문장과 관련 되는 비주얼씽킹 이미지를 생각한다.
3. 표현하고자 하는 내용에 알맞은 레이아웃을 정한다.
4. 레이아웃에 어울리게 핵심단어 및 중요내용을 비주얼씽킹으로 표현한다.
5. 완성한 비주얼씽킹 자료를 보며 다른 사람과 소통하며 공감한다.

**활동 TIP**

- 사물의 특징을 잘 찾아 그림 단어를 익히는 것이 필요하다.
- 그림 단어와 그림 단어를 연결하여 좀 더 자연스러운 그림 문장을 만든다.
- 글의 내용이나 생각이나 느낌을 효과적으로 표현하기 위해서는 알맞은 레이아웃을 선택하여야 한다.

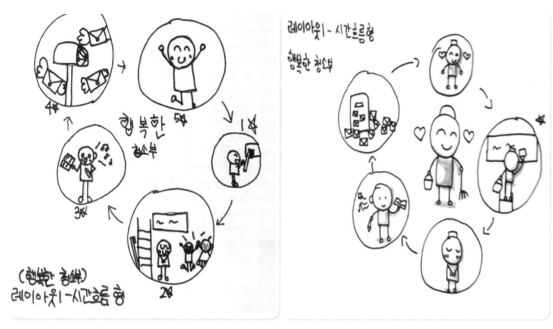

행복한 청소부 이야기 표현

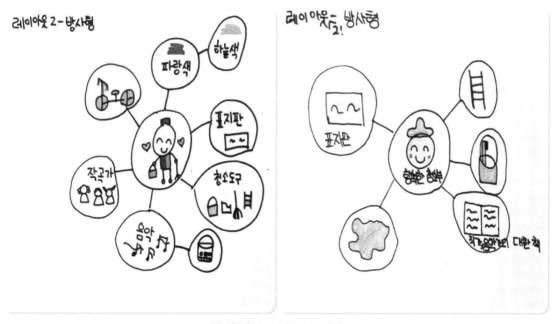

행복한 청소부 떠오르는 생각

# 등장인물에게 인터뷰하기

등장인물에게 인터뷰하기는 이야기를 정교하고 깊이 있게 감상하는데 매우 유용한 방법이다. 학생들이 이야기에 나오는 인물이 직접 되어 보는 인터뷰 형식은 인물의 생각과 행동을 자유롭게 상상하여 볼 수 있을 뿐 아니라, 인물이 느꼈을 감정을 직접 체험해 보게 됨으로 보다 인물의 마음을 공감하게 된다.

본 이야기 속의 행복한 청소부가 되어 청소부의 마음과 생각을 이야기하는 감정이입 과정을 통해 자신의 생각이나 느낌을 친구와 비교해 볼 수 있다. 인터뷰 질문을 만드는 과정과 대답을 하는 과정에서 글 속의 주제나 메시지를 자신의 것으로 내면화 할 뿐 아니라 다른 사람과 적극적으로 소통하는 능력을 기를 수 있을 것이다.

 관련 성취기준

[6국05-05] 작품에 대한 이해와 감상을 바탕으로 하여 다른 사람과 적극적으로 소통한다.

 관련 구절

(책 전체 내용 중) 청소국장 아저씨도 이따금 아저씨의 어깨를 툭툭 두드리며 "잘 하십니다."라고 칭찬을 했어. / 아저씨는 당황해서 다시 한 번 표지판을 쳐다 보았어. 문득 글루크라는 사람에 대하여 아무 것도 모른다는 생각이 들었어./ "참 더 일찍 책을 읽을 걸 그랬어. 하지만 모든 것을 다 놓친 것은 아니야."/일을 끝내고 여전히 중얼거리며 내려오는데, 사람들이 박수를 치는 거야./ 그리고 아저씨는 지금까지 그랬듯이, 표지판 청소부로 머물렀단다.

 활동 절차

1. 인터뷰할 내용과 관련된 구절을 소리 내어 읽는다.
2. 모둠에서 인터뷰할 대상과 역할을 정한다.
3. 인물들에게 궁금한 점을 질문지로 작성한다.
4. 질문을 하고 역할을 맡은 사람이 답변을 한다.
5. 모둠인터뷰가 끝나면 학급전체 학생을 대상으로 인터뷰 준비를 한다.
6. 핫시팅 방법으로 역할을 맡은 사람에게 질문하고 답변을 듣는다.

▶ **활동 TIP**

○ 인터뷰 하는 동안 높임말을 사용하고 말차례를 지키도록 한다.
○ 청소부아저씨 뿐 아니라 청소부의 아내, 아이들도 인터뷰 대상으로 설정할 수도 있다.
○ 전체 인터뷰를 할 때는 핫시팅 방법으로 한 후 역할을 한 후의 소감을 말해본다.

■ 모둠에서 인터뷰할 인물과 역할을 정해 봅시다.

| | |
|---|---|
| 청소부 아저씨(백기빈(나) ) | 강연을 듣는 사람들 (임근호 ) |
| 청소부 아저씨친구들 ( 베수현 ) | 아저씨의 마이클 (배속현 ) |
| 아저씨의 아내(이소훈 ) | 그 외 |

■ 등장인물에게 할 질문을 적은 후, 인터뷰 하면서 답변을 써 봅시다.
■ 질문 예시) 아드님, 아버지께서 청소부 직업을 갖고 있는 것에 대하여 어떻게 생각하십니까?

■ 질문 1: 아주머니께서는 남편이 대학교수로 가는 것을 원하십니까?

답변 : 대학교수가 되길 바랍니다. 왜냐하면 훌륭한 사람이 되길 원하기 때문입니다. 그리고 이미들 아빠가 교수가 되면 자랑스러울 같아요.

■ 질문 2: 아저씨 친구분, 아저씨는 평소에 일할 때에 어떤모습 입니까?

답변 : 지각한 번 안한 성실한 사람이에요. 일할때는 콧노래를 불르며 즐겁게 말해서 우리들도 기분이 좋아요.

■ 질문 3: 강연을 들으신 분들은 아저씨의 강연을 듣고 어떤느낌이 들었습니까?

답변 : 좋았습니다. 아저씨의 이야기를 듣고 있으면 사랑하고 따뜻한 기분이 들어요. 그리고 재밌어요.

학생 활동지

# 등장인물에게 인터뷰하기

☐ 초등학교 ☐ 학년 ☐ 반 이름 ☐

**1** 모둠에서 인터뷰할 인물과 역할을 정해 봅시다.

청소부 아저씨 ☐                강연을 듣는 사람들 ☐

청소부 아저씨친구들 ☐          아저씨의 아이들 ☐

아저씨의 아내 ☐                 그 외

**2** 등장인물에게 할 질문을 적은 후, 인터뷰 하면서 답변을 써 봅시다.

질문 예시) 아드님, 아버지께서 청소부 직업을 갖고 있는 것에 대하여 어떻게 생각하십니까?

질문 1 :

> 답변 :

질문 2 :

> 답변 :

질문 3 :

> 답변 :

# 동전 던지기

글 속에 나와 있는 음악가와 작가를 알아보기 위하여 책 속 주인공처럼 '동전 던지기'로 자신이 조사할 음악가와 작가를 선택하게 한다. 이 것이냐, 저 것이냐 두 갈래 길에서 한 가지를 결정할 때 많이 사용했던 동전 던지기 놀이 체험은 음악가와 작가를 알아가는 긴 여정의 즐거운 시작이 될 것이다.

또 다른 방법으로, 나의 생활 속에서 선택해야 하는 일, 둘 중 무엇을 먼저 할까 우선순위 정하기 등 동전 던지기를 통해 즐거운 선택을 해 본다면 샛길로 빠져보는 책 읽기의 재미를 더할 것이다.

## 관련 성취기준

[6국05–05] 작품에 대한 이해와 감상을 바탕으로 하여 다른 사람과 적극적으로 소통한다.

## 관련 구절

아저씨는 당황해서 다시 한 번 표지판을 쳐다보았어. 문득 글루크라는 사람에 대하여 그 아이만큼 아무것도 모른다는 생각이 들었어.

유명한 사람들의 이름을 늘 코앞에 두고 있으면서도 정작 그들에 대하여 아무것도 몰랐지 뭐야.

'그건 안 되지. 이대로는 안 돼.'

아저씨는 생각하였어.

아저씨는 사다리에서 내려와 바지 주머니에서 동전을 꺼내 들고 공중에다 던졌어. 그림이 나오면 음악가부터 시작하고, 숫자가 나오면 작가부터 시작할 생각이었어.

## 활동 절차

1. 동전의 양면을 그림은 음악가, 숫자는 작가로 정하고 동전을 던진다.
2. 나온 동전 모양에 맞게 조사할 음악가나 작가를 선택한다.
3. 음악가와 작가 선택이 끝나면, 내 삶 속에서 선택해야 할 일이나 둘 중 무엇을 먼저 하면 좋을지 선택할 수 있는 일을 살펴본다.
4. 동전의 앞면과 뒷면의 내용을 정하고 동전을 던져 선택한 후 계획을 세워본다.

### 활동 TIP

∘ 음악가나 작가를 한 명씩 선택하여 학급 전원이 나누어 조사할 수도 있고, 모둠에서 몇 명씩 나누어 모둠 활동으로 조사할 수도 있다.

적용 사례

**1** 동전 던지기 : 앞면 그림이 나오면 음악가, 뒷면 숫자가 나오면 작가를 선택한다.

동전 던지기

동전의 앞면–그림

동전의 뒷면–숫자

**2** 동전 던져 나온 그림에 맞게 조사할 음악가나 작가 선택하여 이름 쓰기

[학급 전체가 나누어 조사할 경우 예시]

| 행복한 청소부 | | 행복한 청소부 | |
|---|---|---|---|
| 음악가 | | 작가 | |
| 글루크<br>(Christoph Gluck) | 유○나 | 괴테<br>(Johann Wolfgang von Goethe) | 이□환 |
| 모차르트<br>(Wolfgang Amadeus Mozart) | 김☆수 | 그릴파르처<br>(Franz Grillparzer) | 박◆한 |
| 바그너<br>(Wilhelm Richard Wagner) | 정○민 | 만<br>(Thomas Mann) | 박○은 |
| 바흐<br>(Johann Sebastian Bach) | 진★철 | 바흐만<br>(Ingeborg Bachmann) | 진★래 |
| 베토벤<br>(Ludwig van Beethoven) | 남●미 | 부슈<br>(Wilhelm Busch) | 나○인 |
| 쇼팽<br>(Fryderyk Franciszek Chopin) | 김○주 | 브레히트<br>(Bertolt Brecht) | 김◎민 |
| 하이든<br>(Franz Joseph Haydn) | 신◎해 | 실러<br>(Johann Christoph Friedrich von Schiller) | 임◇리 |
| 헨델<br>(Georg Friedrich Handel) | 박◇윤 | 슈토름<br>(Hans Theodor Woldsen Storm) | 정●숙 |
| | | 케스트너<br>(Erich Kastner) | 최☆진 |

**3** 음악가와 작가 조사하기 : 학습지를 제공하여 과제로 조사하거나 컴퓨터실을 활용하여 스마트학습으로 진행한다.

# 라디오극 하기

라디오극은 이야기 속 인물과 배경들을 독자들이 상상할 수 있게 해설과 대사, 음악 및 음향효과를 사용하여 묘사함으로써 극적인 전달 효과를 줄 수 있다. 분리 되어 있던 사건들을 이해할 수 있는 질서, 특히 시간의 전후관계 속에 배열하여 발단·전개·결말의 구조를 가진 이야기로 만들어 독자들로 하여금 이야기 속에 빠져들 수 있도록 실감나게 들려주는 것이다.

이야기를 좀 더 실감나고 청소부의 마음을 헤아려 보기 위해 대사와 음악적인 효과를 사용하여 청소부 아저씨가 자신의 일을 얼마나 사랑하고 행복하게 살아가는지를 극본을 쓰면서, 또 극본으로 실제로 라디오극을 해봄으로써 행복감을 느낄 수 있을 것이다.

 **관련 성취기준**

[6국05-04] 일상생활의 경험을 이야기나 극의 형식으로 표현한다.
[6국01-01] 구어 의사소통의 특성을 바탕으로 하여 듣기·말하기 활동을 한다.

 **관련 구절**

글 전체

 **활동 절차**

1. 이야기 내용 중 아저씨에게 전환점이 되는 시점을 붙임쪽지에 찾아 적는다.
2. 중요 시점에 일어났던 인상적인 사건을 시간곡선에 브레인라이팅 활동한다.
3. 작가가 되어 모둠별로 라디오 극본을 쓴다.
4. 돌려읽기를 하며 자연스러운 라디오 극이 되도록 수정 보완한다.

**활동 TIP**

◦ 이야기에 등장하지 않은 인물도 설정하여 대사를 만들어 쓰도록 한다.
◦ 라디오극에 어울리는 음악과 음향 효과를 적절히 활용하도록 한다.
◦ 라디오극을 실연할 때에는 필요한 준비물을 갖추어 실감나게 연기하도록 한다.

적용 사례

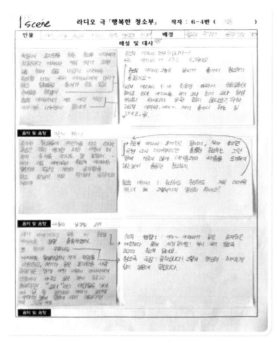

청소부 아저씨의 일상생활 장면

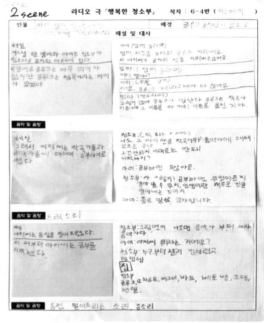

표지판에 대해 공부하는 장면

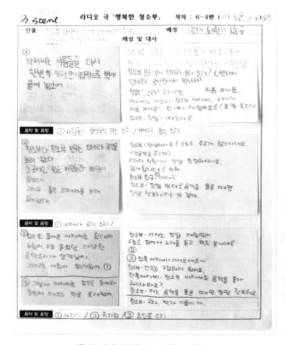

음악가에 대해 공부하는 장면

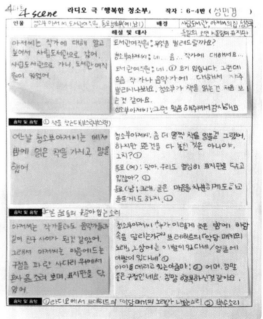

작가에 대해 공부하는 장면

# 라디오극 하기

초등학교 [ ] 학년 [ ] 반 이름 [ ]

## 라디오 극「행복한 청소부」

| 인물 | | 배경 | |
|---|---|---|---|
| 해설 및 대사 | | | |
| | | | |
| 음악 및 음향 | | | |
| | | | |
| 음악 및 음향 | | | |
| | | | |
| 음악 및 음향 | | | |

# 내가 갖고 싶은 직업 찾기

이야기 속 다양한 직업을 찾아보고 내가 갖고 싶은 직업에 대한 구체적인 생각과 청사진을 마련해 보는 활동이다.

이 활동은 일본의 괴물투수 〈오타니 쇼헤이〉에 의해 널리 알려진 '만다라트 기법'을 활용하여 내가 갖고 싶은 직업과 그에 따른 노력해야 할 점을 구체적으로 생각하여 적어봄으로서 자신의 진로에 대한 목표 설정을 보다 분명하게 정해볼 수 있도록 하는 것이다.

행복한 청소부가 그러했듯 자기에게 주어진 삶에 얼마나 충실하고 또 갖고 있는 직업에 대해 매일매일 해야 할 일이나 하고 싶은 일을 구체적으로 계획하여 실천하는 일은 참으로 중요하다. 이 활동을 통해 다양한 직업을 만나게 되고 각자가 갖고 싶어하는 직업을 위한 목표 설정을 해보는 과정을 통하여 꿈이 현실에서 실천되어져 갈 수 있는 계기를 마련할 수 있을 것이다.

## 관련 성취기준

[6국05-06] 작품에서 얻은 깨달음을 바탕으로 하여 바람직한 삶의 가치를 내면화하는 태도를 지닌다.

## 관련 구절

나는 하루 종일 표지판을 닦는 청소부입니다. 강연을 하는 건 오로지 내 자신의 즐거움을 위해서랍니다. 나는 교수가 되고 싶지 않습니다. 지금 내가 하는 일을 계속하고 싶습니다.

## 활동 절차

1. 이야기 속 다양한 직업 알아본다.(써클맵)
2. 내가 갖고 싶은 직업 만다라트 학습지에 5가지 이상 적는다.
3. 그 직업을 위해 노력해야 할 점 구체적으로 적는다.
4. 내 꿈을 응원하는 편지 쓴다.

### 활동 TIP

• 활동지는 학생 수준에 맞게 작성할 수 있는 빈 칸의 수를 조절해 준다.
• 내 꿈을 응원하는 편지 쓰기는 느낌 적기나 발표하기로 대신 할 수 있다.

갖고 싶은 직업 만다라트 학습지 작성

내 꿈을 응원하는 편지 쓰기

# 내가 갖고 싶은 직업 찾기(만다라트 기법)

초등학교 　　　학년 　　　반 이름 　　　

갖고 싶은 직업과 노력할 점

| | | | | | | | | |
|---|---|---|---|---|---|---|---|---|
| | | | | | | | | |
| | | | | | | | | |
| | | | | | | | | |
| | | | 갖고싶은<br>작업 | | | | | |
| | | | | | | | | |
| | | | | | | | | |
| | | | | | | | | |
| | | | | | | | | |

148

# 우리나라의 작가와 음악가 거리 조사하기

우리나라에도 많은 작가와 음악가들의 작품의 배경이 되거나 태어난 곳을 중심으로 하여 문학관이나 음악제, 또는 거리(길)를 만들어 삶과 업적을 기념하고 있다. 그런 작가와 음악가의 거리에는 어떤 것이 있는지 조사하고 소개하는 활동이다.

우리나라 작가와 음악가들의 거리를 조사하면서 그들의 활동이나 작품에 관심을 가져보고 청소부 아저씨처럼 작품을 읽거나 음악을 들어보고 또 직접 거리를 찾아가서 좀 더 생생한 체험을 해볼 수 있는 계기가 되도록 한다.

청소부 아저씨가 몰랐던 것에 관심을 갖고 노력하면서 새롭고 즐거운 경험을 하게 된 것처럼 작가와 음악가의 거리를 찾아보면서 정보를 활용하는 능력과 작품을 대하는 감성을 기를 수 있을 것이다.

 ## 관련 성취기준

[6국05-06] 작품에서 얻은 깨달음을 바탕으로 하여 바람직한 삶의 가치를 내면화하는 태도를 지닌다.

 ## 관련 구절

내가 지금 이야기하는 청소부 아저씨는 몇 년 전부터 똑같은 거리의 표지판을 닦고 있었어. 바로 작가와 음악가들의 거리야.

바흐 거리, 베토벤 거리, 아이든, 거리, 모차르트 거리, 바그너 거리, 헨델 거리, 쇼팽 광장, 괴테 거리, 실러 거리, 슈토름 거리, 토마스 만 광장, 그릴파르처 거리, 브레히트 거리, 케스트너 거리, 잉게보르크 바흐만 거리, 마지막으로 빌헬름 부슈 광장. 거기까지가 아저씨가 맡은 곳이야.

 ## 활동 절차

1. 작가와 음악가의 거리에 가 본 경험을 말한다.
2. 우리나라 작가와 음악가를 포스트잇에 적어 칠판에 붙인다.
3. 우리나라 작가와 음악가의 거리를 조사하고 소개한다.

### 활동 TIP

○ 주변의 특색 있는 거리니 거리 축제 등을 소개하면서 흥미를 갖게 한다.
○ 거리 찾기를 어려워 할 때에는 거리 이름이나 지역을 힌트로 제시해 준다.
○ 조사는 개별이나 모둠으로 가능하고, 소개 방법은 발표하기(인터뷰), 전단지 나 광고지 만들기 등 다양한 방법으로 해볼 수 있다.

향파 이주홍 문학 거리(부산)　청마 유치환 거리(통영)　김상옥 거리(통영)　김용택 섬진강 길(임실)

김유정 실레마을길(춘천)　김춘수 거리(통영)　박경리 토지길(하동 악양)　서정주 미당길(전남 고창)

심훈 상록수길(충남 당진)　이상화 거리(대구)　이육사 청포도길(안동)　이효석길(강원도 봉평)

정지용 향수길(충북 옥천)　조정래길(순천)　채만식의 큰샘거리(군산)　한용운 거리(서울 성북동)

현진건 길(대구)　소월로(서울)　권정생 동화나라(안동)　시의 거리(마산)

윤이상 거리(통영)　금수현 음악거리(부산)　김광석 거리(대구)　안익태 거리(스페인 팔마)

1. 우리나라 작가와 음악가의 거리를 조사하여 봅시다.

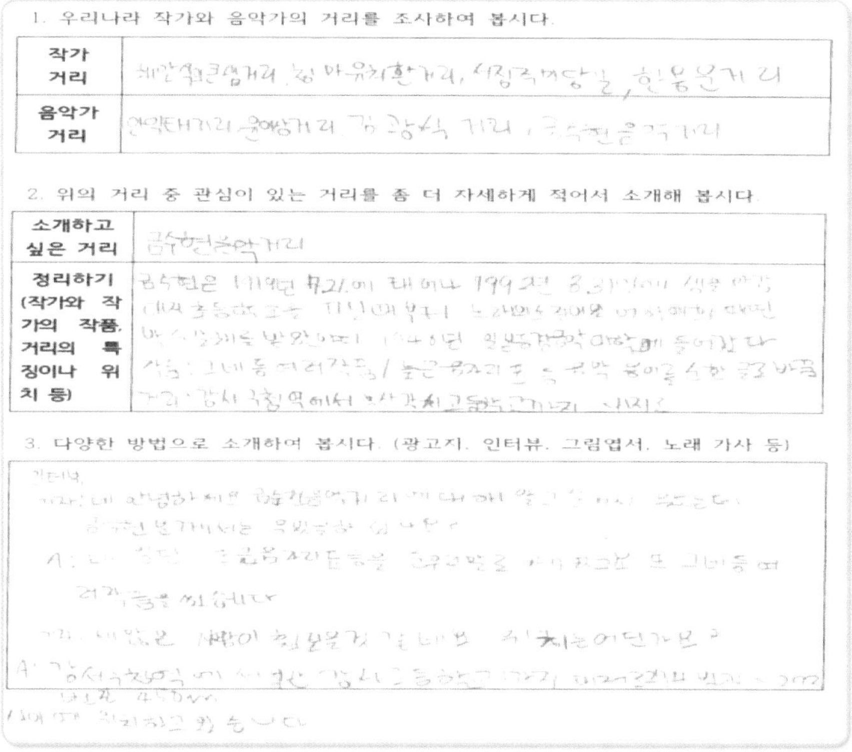

| 작가 거리 | 채만식큰샘거리, 청마유치환거리, 사랑과평당일, 한용운거리 |
|---|---|
| 음악가 거리 | 현제명거리, 윤이상거리, 김광식 거리, 우륵전음악거리 |

2. 위의 거리 중 관심이 있는 거리를 좀 더 자세하게 적어서 소개해 봅시다.

| 소개하고 싶은 거리 | 김수현음악거리 |
|---|---|
| 정리하기 (작가와 작가의 작품, 거리의 특징이나 위치 등) | 김수현은 1919년 4월 21에 태어나 1999년 8월 31에 생을 마감 (대구 중등학교 음악 교사로 부터 노사면서 2여곡 이상 작사, 작곡 비슷하게도 받았으며 1943된 일본가악에 대항해 동요반 사들, 그네동 거리가득) 올콩유자과 또 속 악보 붙이글속한 공강바위 거리: 김수직합역에서 ... |

3. 다양한 방법으로 소개하여 봅시다. (광고지, 인터뷰, 그림엽서, 노래 가사 등)

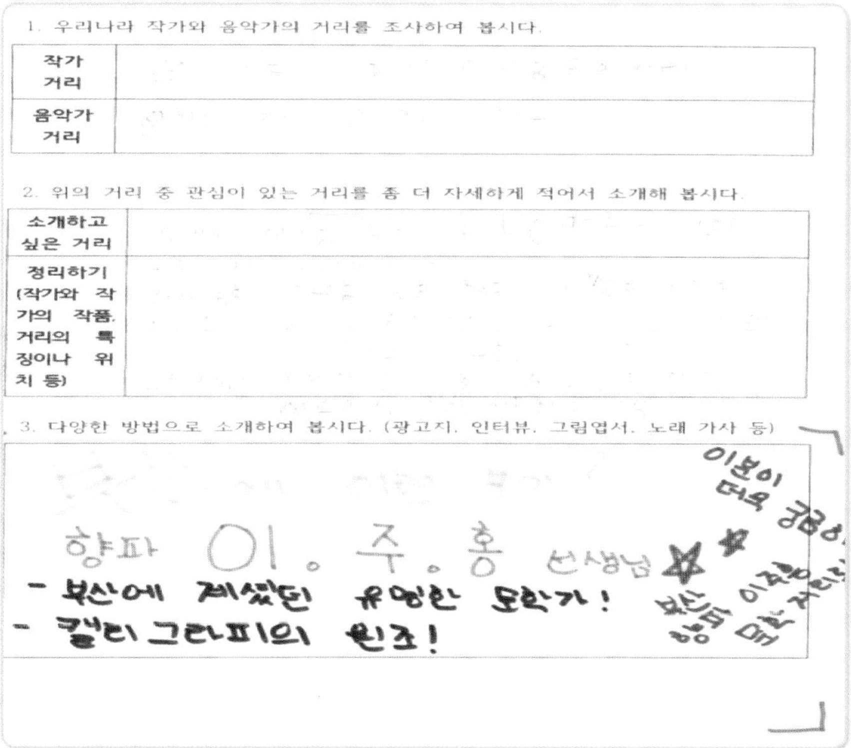

1. 우리나라 작가와 음악가의 거리를 조사하여 봅시다.

| 작가 거리 | |
|---|---|
| 음악가 거리 | |

2. 위의 거리 중 관심이 있는 거리를 좀 더 자세하게 적어서 소개해 봅시다.

| 소개하고 싶은 거리 | |
|---|---|
| 정리하기 (작가와 작가의 작품, 거리의 특징이나 위치 등) | |

3. 다양한 방법으로 소개하여 봅시다. (광고지, 인터뷰, 그림엽서, 노래 가사 등)

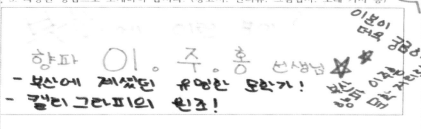

향파 이. 주. 홍 선생님

- 부산에 계셨던 유명한 문학가!
- 갈티 그라피의 원조!

# 우리나라의 작가와 음악가 거리 조사하기

| 초등학교 | 학년 | 반 이름 | |
|---|---|---|---|

**1** 우리나라 작가와 음악가의 거리를 조사하여 봅시다.

| 작가 거리 | |
|---|---|
| 음악가 거리 | |

**2** 위의 거리 중 관심이 있는 거리를 좀 더 자세하게 적어서 소개해 봅시다.

| 소개하고 싶은 거리 | |
|---|---|
| 정리하기 (작가와 작가의 작품, 거리의 특징이나 위치 등) | |

**3** 다양한 방법으로 소개하여 봅시다. (광고지, 인터뷰, 그림엽서, 노래 가사 등)

# 청소부 옷 디자인하기

파란색 작업복, 파란색 고무장화를 신고 파란색 사다리와 파란색 물통을 든 청소부의 그림을 보며 내가 디자이너라면 청소부의 옷을 어떻게 디자인할 것인지 생각해 보고 타당한 이유와 근거를 들어 청소부 옷을 디자인하는 활동이다.

행복한 청소부의 옷이 파란색인 이유가 무엇일지 생각해 보고 색깔이 가진 의미에 대해 알아보고 우리나라 청소부의 옷이 노란색이 이유를 추측해 볼 수 있다.

직업에는 귀천이 없다고 하지만 청소부라는 직업은 되고 싶지 않은 직업 중의 하나일 것이다. 청소부 옷을 디자인 하는 과정에서 청소부의 삶을 조금 더 깊이 이해하는 계기가 될 것이다.

## 관련 성취기준

[6국05-02] 작품 속 세계와 현실세계를 비교하며 작품을 감상한다.

## 관련 구절

탈의실에서 파란색 작업복으로 갈아입고, 파란색 고무장화를 신고, 비품실로 건너가, 파란색 사다리와 파란색 물통과 파란색 솔과 파란색 가죽 천을 받았어.

아저씨가 이 청소도구들을 한데 꾸릴 때, 다른 청소부 아저씨들도 자기 도구를 챙겼지. 서로 이런저런 이야기를 나누면서 말야. 그런 다음 다들 자전거 보관실에서 파란색 자전거를 꺼내 타고 청소국 문을 나섰단다.

## 활동 절차

1. '작가는 왜 파란색 작업복, 파란색 고무장갑, 파란색 비품으로 표현했을까?' 추측해 본다.
2. 다양한 색이 가진 의미를 알아본다.
3. 내가 디자이너라면 어떻게 디자인 할지 버블 맵으로 정교화한다.
4. 버블 맵으로 정교화 한 것을 구체적으로 그림을 그린다.
5. 디자인한 의도를 중점을 두어 짝과 이야기를 나눈다.

### ◀ 활동 TIP

- 청소부 옷을 디자인 할 때 색깔의 의미, 용도, 편리성 등 디자인의 의도에 죽점을 두며 그림을 예쁘게 잘 그리는 것에 치중하지 않도록 한다.
- 작품을 소개할 때에는 디자인 한 의도에 중점을 두어 설명한다.
- 창의상, 편리상, 행복상 등의 상을 줄 수 있다.

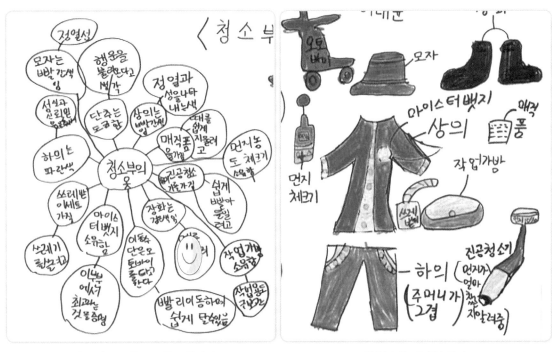

버블 맵으로 청소부 옷 구상하기 · · · · · · · · · · · · 청소부 옷 디자인 하기

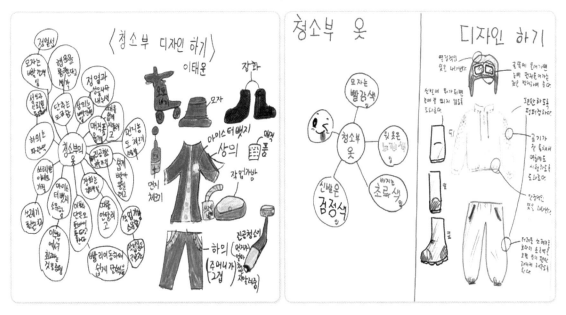

학생 작품1 · · · · · · · · · · · · · · · · · · · · · · · · · · · · · · · · 학생 작품2

# 마음에 드는 구절 소개하고 책갈피 만들기

책을 읽다 보면 기억하고 싶은 부분이나 감동 깊은 장면을 만날 수 있다. 이 글에서처럼 〈특별히 마음에 드는 구절〉이 바로 그것이다. 주인공이 한 말이나 행동에서 감명 깊은 한 구절을 찾아 친구들에게 소개하고 생각과 느낌을 나누며 나만의 예쁜 책갈피를 만들어 보면 책 속 내용 이해와 함께 생각의 깊이도 깊어질 것이다.

이 활동은 문학에서 가치 있는 내용, 즉 기억하고 싶은 부분이나 감동 깊은 장면을 책갈피로 만들어 곁에 두고 보며, 암송하기도 하는 가운데 문학에 대한 아름다움과 읽은 책에 대한 감동을 오래 간직할 수 있을 것이다.

## 관련 성취기준

[6국05-01] 문학에서 가치 있는 내용을 언어로 표현하여 아름다움을 느끼게 하는 활동임을 이해하고 문학 활동을 한다.

## 관련 구절

작가들의 모든 작품을 알게 되었을 때, 아저씨는 일을 하면서 *특별히 마음에 든 구절*들을 혼자 읊조려 보았어.
괴테의 「마왕」.
"누가 이렇게 늦은 밤에 바람 속을 달리는가?"
브레히트의 「악당 매키의 노래」.
"그 상어는 이빨이 있다네. / 얼굴에 이빨이 있다네."
또 슈토름의 「백마의 기수」나 빌헬름 부슈의 「막스와 모리츠」에 나오는 구절들.

## 활동 절차

1. '행복한 청소부'를 읽으면서 마음에 드는 구절(아름다운 문장, 인상 깊은 문장, 마음에 새기고 싶은 문장)에 밑줄을 긋거나 표시를 해 둔다.
2. 특별히 마음에 드는 구절을 찾고, 마음에 드는 이유를 적어본다.
3. 친구들에게 마음에 드는 구절을 이유와 함께 소개한다.
4. 책 속의 좋은 구절을 옮겨 책갈피를 꾸미고 코팅하여 사용한다.

### 활동 TIP

● 책갈피를 만드는 재료는 예쁜 그림이나 나뭇잎, 색종이, 한지 등 다양한 재료를 준비하여 학생들이 선택하도록 하면 즐거움이 더해진다.
● '행복한 청소부'에서 좋은 구절을 찾아 만든 후, 최근에 읽었던 책 속의 좋은 구절로도 만들어보게 한다.

**1** '행복한 청소부'를 읽고 특별히 마음에 드는 구절을 찾아 써 봅시다. (이유)

> "그리고, 아저씨는 지금까지 그랬듯이 표지판 청소부로 머물렀단다."
> → 아저씨는 강연을 부탁받을 정도로 유명한 사람이 되었지만 자신이 하는 일에 행복해하며, 표지판 청소부 하는 일을 계속하는 모습이 좋아 보이기 때문

> "강연을 하는 건 오로지 내 자신의 즐거움을 위해서랍니다."
> → 대부분의 사람들은 자신이 좋아하는 일만 하면서 살지 못하는 것 같은데, 자신의 즐거움을 위해서 강연을 한다는 것이 멋있어서

**2** 최근에 읽었던 동화책 속에서 기억하고 싶은 구절을 찾아 써 봅시다.

> 만약 내가 하는 일이 인간의 이해력을 넓히고 이 세상에 아주 작은 행복이나마 가져올 수 있다면 나는 만족하리라.
> - 에디슨 中 -

> 네가 오후 네 시에 온다면 난 세 시부터 행복해지기 시작할거야.
> - 어린 왕자 -

**3** 책 속의 좋은 구절을 옮겨 책갈피를 만들어 봅시다.

# 나만의 사전 만들기

　글을 잘 읽기 위해서는 이해력이 바탕이 되어야 하고, 그 이해력을 키우기 위해서는 많은 어휘를 알고 적용할 수 있어야 한다.

　학습자의 어휘 확장을 위해서 합성어, 파생어를 이해하고 이를 바탕으로 하여 낱말의 의미를 정확하게 파악함으로써 다양한 언어 사용 상황에서 적절하게 활용하는 능력을 기를 수 있도록 지도한다. 우리가 접하는 낱말들은 다양한 낱말 확장 방법에 의해 만들어졌음을 탐구 활동을 통하여 이해하도록 한다. 또한 여러 가지 확장 방법을 통해 만들어진 낱말의 의미를 추론하고 의사소통 상황에서 적절하게 사용할 수 있도록 한다.

 **관련 성취기준**

[6국04-02] 국어의 낱말 확장 방법을 탐구하고 어휘력을 높이는 데에 적용한다.

 **관련 구절**

　탈의실에서 *파란색 작업복*으로 갈아입고, 파란색 고무장화를 신고, *비품실*로 건너가 파란색 사다리와 파란색 물통과 파란색 솔과 파란색 가죽 천을 받았어.
　아저씨가 이 청소 도구들을 한데 꾸릴 때 다른 청소부 아저씨 들고 자기 도구를 챙겼지. 서로 이런저런 이야기를 나누면서 말이야. 그런 다음에 다들 자전거 *보관실*에서 파란색 자전거를 꺼내 타고 청소국 문을 나섰단다.–외 이야기 전체

 **활동 절차**

1. 「행복한 청소부」를 읽으며 모둠원들과 합성어, 파생어를 찾아 학습지의 빙고칸을 채운다.
3. 교사가 불러주는 합성어, 파생어로 전체 빙고 게임을 한다.
4. 빙고 게임을 통해 정리한 합성어, 파생어의 관련 예를 더 찾아본다.
5. 모둠원과 주변에서 자주 쓰이는 파생어와 합성어의 또 다른 예시를 찾는다.
6. 계단책에 합성어, 파생어를 정리하며 나만의 사전을 만든다.

▶ **활동 TIP**

● 한 단어의 조어 방식은 연구자에 따라 견해 차이가 있으므로 이견이 있을 때는 사전 편찬 지침, 표준국어대사전, 국립국어원(http://www.korean.go.kr/)을 참고한다.
● 어휘력이 뛰어난 학생들을 위해 빙고 1칸을 2칸으로 세분하여 수준별 학습이 되게 한다.

「행복한 청소부」 책을 읽으며 모둠원과 의논하여 합성어, 파생어 찾아 학습지의 빙고칸 채우기

먼저 9칸을 완성한 모둠은 다시 의논하며 또 9칸을 채우기 (빙고 1칸을 2칸으로 세분하여 수준별 학습)

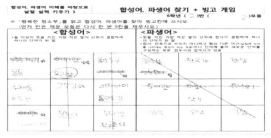

합성어, 파생어로 빙고 게임하며 오류 수정

모둠 친구들과 합성어, 파생어의 관련 예를 더 찾으며 어휘 확장하기

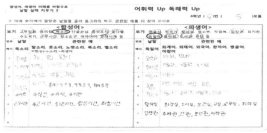

합성어, 파생어의 관련 예를 찾으며 어휘 확장하기 학습지

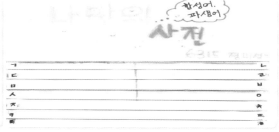

모둠별 발표를 통해 더 많은 어휘를 확장하며 합성어, 파생어 수정 및 보충하기

합성어, 파생어를 수정 및 보충한 학습지

계단책으로 나만의 파생어, 합성어 사전 만들기

# 나만의 사전 만들기

초등학교 [ ] 학년 [ ] 반 이름 [ ]

※「행복한 청소부」를 읽고 합성어, 파생어를 찾아 빙고칸에 쓰시오.
(먼저 칸을 채운 모둠은 다시 한 번 9칸을 채우시오.)

| 합성어, 파생어 이해를 바탕으로<br>낱말 실력 키우기 1 | 합성어, 파생어 찾기 + 빙고 게임 |
|---|---|

| 〈합성어〉 | | | 〈파생어〉 | | |
|---|---|---|---|---|---|
| • 둘 이상의 뜻을 가진 가장 작은 말의 단위가 결합하여 하나의 단어가 된 말 | | | • 뜻을 가진 가장 작은 말의 단위에 접사가 결합하여 하나의 단어가 된 말.<br>• 접사: 단독으로 쓰이지 아니하고 항상 다른 어근(실질적 의미를 나타내는 중심이 되는 부분)이나 단어에 붙어 새로운 단어를 구성하는 부분. 접두사와 접미사가 있음. | | |
| | | | | | |
| | | | | | |
| | | | | | |
| | | | | | |
| | | | | | |
| | | | | | |

# 나만의 사전 만들기

| | 초등학교 | | 학년 | | 반  이름 | |

※ 아래 보기에서 알맞은 **낱말을 골라** 동그라미 하고, **관련된 예를** 더 찾아 쓰시오.

| 합성어, 파생어 이해를 바탕으로<br>낱말 실력 키우기 2 | 어휘력 Up 독해력 Up |
| --- | --- |

| 〈합성어〉 | | | 〈파생어〉 | | |
| --- | --- | --- | --- | --- | --- |
| • 보기: 고무장화, 유리창, ⟨목소리⟩ 단골손님, 종잇조각, 꽃다발, 수도꼭지, 근무시간, 청소도구, 여자아이, 모래시계 등 | | | • 보기: 마술사, 작곡가, 탈의실, 청소부, 작업복, 입장권, 표지판, ⟨독일어⟩ 음악회, 도서관, 국장 등 | | |
| 번호 | 낱말 | 관련된 예 | 번호 | 낱말 | 관련된 예 |
| 예시 | 목소리 | 발소리, 콧소리, 노랫소리, 북소리, 벨소리<br>※ 헛(접두사)소리→파생어 | 예시 | 독일어 | 외계어, 외래어, 외국어, 한자어, 벵골어, 아랍어 |
| 1 | | | | | |
| 2 | | | | | |
| 3 | | | | | |
| 4 | | | | | |
| 5 | | | | | |
| 6 | | | | | |
| 7 | | | | | |
| 8 | | | | | |

# 행복한 삶에 대해 토의하기

작품 속 주인공은 강연을 하는 것은 오로지 자신의 즐거움을 위해서이며 지금하고 있는 청소부 일을 계속하고 싶다고 하면서 교수직의 제안을 거절한다. 행복의 조건은 무엇인지, 내가 생각하는 행복한 삶에 대한 정의를 내려보고, 지금 내가 행복할 수 있는 일을 찾아보고 실천하는 활동이다.

주인공의 말과 행동, 가치를 통해 누구나 갈망하는 행복에 대해 생각해 보게 한다. 주인공의 말과 행동을 보면서 행복의 진정한 의미에 대해 진지하게 생각해 볼 수 있는 기회가 될 수 있을 것이다.

행복은 먼 곳에 있는 것이 아니라 가까운 곳에 있으며 자신만의 행복의 길을 찾는 기회를 가질 수 있다.

## 관련 성취기준

[6국01-02] 의견을 제시하고 함께 조정하며 토의한다.

## 관련 구절

"나는 하루 종일 표지판을 닦는 청소부입니다. 강연을 하는 건 오로지 내 자신의 즐거움을 위해서랍니다. 나는 교수가 되고 싶지 않습니다. 지금 내가 하는 일을 계속하고 싶습니다. 안녕히 계세요."

그리고 아저씨는 지금까지 그랬듯이, 표지판 청소부로 머물렀단다.

## 활동 절차

1. 나의 행복점수를 매겨보고 점수를 준 이유를 말한다.
2. '행복하려면 무엇이 있어야 할까?'행복의 조건에 대해 브레인 스토밍한다.
3. 비슷한 항목끼리 모아서 분류한다.
4. 행복의 조건으로 '피라미드 토론'을 한다.
5. 친구들과 토론하여 고른 3가지 조건으로 문장 만들기를 한다.
6. '행복한 나의 모습' 학습지에 행복 점수를 올리기 위해 지금 내가 할 수 있는 일을 찾아 적는다.

### 활동 TIP

○ 행복의 조건에는 정답이 없으므로 모든 생각들을 수용할 수 있는 허용적인 분위기를 조성한다.
○ 전문가들이 말하는 행복의 조건을 참고 자료로 제시할 수 있다.

행복점수 매기기

| 1:1 토론 결과 |
|---|
| 가족, 친구, 돈 |
| ① ② ③ |

1:1 토론

| 2:2 토론 결과 |
|---|
| 찬, 돈, 벽 |

2:2 토론

| 4:4 토론 결과 |
|---|
| 사랑, 가족, 친구 |
| ① ② ③ |

4:4 토론

| 전체 토론 결과 |
|---|
| 사랑, 가족, 찬, 돈, 긍정적인마음 |

전체 토론하기

♣생각 정리하기 : 행복에 대한 나의 생각, 소감을 정리해 봅시다.

사랑을 받고, 가족이 있고, 친구가 있고, 위로 해주는 것이 있고 싶고 긍정적이게 생각하고 싶다.

생각 정리하기

# 행복한 삶에 대해 토의하기

| | 초등학교 | | 학년 | | 반 이름 | |

이 토론은

- 1:1–2:2–4:4–전체 순으로 토론하며 더 좋은 의견을 결정하는 토론
- 순서 : 1. 주제 제시 및 개별 의견 정리
  2. 1:1 토론 하며 더 좋은 의견 선택하기
  3. 선택한 의견에 따라 2:2 토론하기
  4. 선택한 의견에 따라 4:4 토론하기
  5. 선택한 의견에 대해 전체 토론하기

## [토론 주제 : 행복의 조건 BEST 3]

**1** 생각 열기 : 행복하기 위해 무엇이 필요할까요? 행복하기 위해 꼭 필요한 조건을 3가지만 써 보세요

| ① | ② | ③ |

**2** 생각 나누기: 친구들과 토론하여 고른 3가지 조건을 써 보세요.

| 1:1 토론 결과 | 2:2 토론 결과 |
| --- | --- |
| | |
| 4:4 토론 결과 | 전체 토론 결과 |
| | |

**3** 생각 정리하기 : 행복에 대한 나의 생각, 소감을 정리해 봅시다.

| |
| --- |

# 가치수직선 토론하기

가치수직선토론은 가치에 대한 개인별 의사표시를 수직선 위에 함으로써 가치판단경험을 하고 그 것의 표현을 가능하게 하는 토론방식이다.

청소부라는 직업과 교수라는 직업을 볼 때 대부분의 사람들은 교수라는 직업을 선호할 텐데 왜 아저씨는 교수 자리를 거절했을까? 교수 자리를 거절하고 청소부 일을 계속하기로 한 아저씨의 판 단은 잘한 결정일까에 대해 토론을 해봄으로써 가치에 대한 판단이 사람마다 서로 다를 수 있음을 인정하고, 그것을 수용하는 태도를 기를 수 있을 것이다.

이 활동을 통해 사람이 살아가는데 가장 중요한 가치, 진정한 행복이란 무엇일까에 대해 좀 더 깊 게 생각하는 계기를 마련할 수 있을 것이다.

## 관련 성취기준

[6국01-03] 절차와 규칙을 지키고 근거를 제시하며 토론한다.

[6국05-05] 작품에 대한 이해와 감상을 바탕으로 하여 다른 사람과 적극적으로 소통한다.

## 관련 구절

네 군데 대학에서 강연을 해달라는 부탁이 왔어. 그렇게 하면 아저씨는 훨씬 더 유명해질 수 있을 거야. 하지만 아 저씨는 거절하기로 결심하고 답장을 썼어."나는 하루 종일 표지판을 닦는 청소부입니다. 강연을 하는 건 오로지 내 자신의 즐거움을 위해서랍니다. 나는 교수가 되고 싶지 않습니다. 지금 내가 하는 일을 계속하고 싶습니다. 안녕히 계세요."

그리고 아저씨는 지금까지 그랬듯이 표지판 청소부로 머물렀단다.

## 활동 절차

1. 논제 정하기
2. 가치에 대한 개인별 의사결정하기
3. 의사결정 이유 말하기
4. 가치수직선 접기
5. 새로운 위치 정하기
6. 토론 결과 정리하기

### 활동 TIP

- 청소부와 교수 직업의 장단점에 대해 충분히 생각하도록 한다.
- 가치수직선토론을 할 때 시간이 부족하면 가치수직선 접기는 생략할 수 있다.

1. 논제정하기

2. 가치에 대한 개인별 의사결정하기

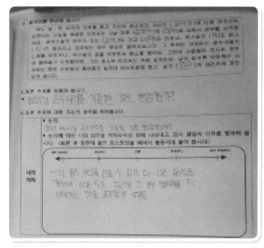

3. 의사결정 이유 말하기

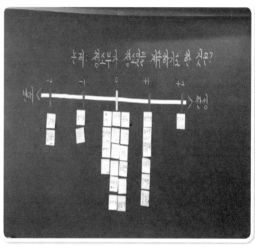

4. 토론 결과 정리하기

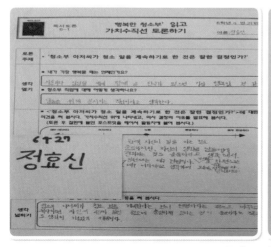

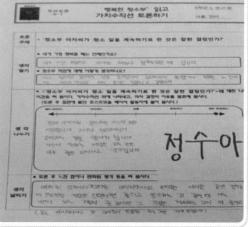

5. 토론 후 느낀 점 말하기

학생 활동지

# 가치수직선 토론하기

초등학교 □ 학년 □ 반 이름 □

| 토론 논제 | • '청소부 아저씨가 청소 일을 계속하기로 한 것은 잘한 결정인가?' |
|---|---|
| 생각 열기 | • 내가 가장 행복할 때는 언제인가요?<br><br>• 청소부 직업에 대해 어떻게 생각하나요? |
| 생각 나누기 | • 〈'청소부 아저씨가 청소 일을 계속하기로 한 것은 잘한 결정인가?'〉에 대한 나의 의견을 써 봅시다. 가치수직선 위에 나타내고, 의사 결정의 이유를 발표해 봅시다.(토론 후 칠판에 붙인 포스트잇을 떼어서 활동지에 붙여 봅시다.)<br><br>매우 어리석다　　어리석다　　보통　　현명하다　　매우 현명하다 |
| 생각 넓히기 | • 토론 후 느낀 점이나 변화된 생각 등을 써 봅시다. |

# 시 바꾸어 쓰기

시 바꾸어 쓰기는 기존의 시 작품을 다른 시로 바꾸어 쓰는 활동이다. 시의 운율이나 형식은 그대로 유지하되, 시가 보여주는 세계를 다른 세계로 바꾸어 쓰는 방법을 뜻한다.

청소부 아저씨가 표지판을 닦는 일을 전과 마찬가지이지만 시와 음악에 대해 알기 전과 후는 삶의 의미가 달라진다.

시를 바꾸어 쓰는 과정에서 청소부 아저씨의 행복과 자기 자신과 자신을 둘러싼 가족, 친구, 학교, 지역사회, 나아가 세계와 관련지어 생각해봄으로써 진정한 행복이란 무엇일까에 대해 좀 더 깊게 생각하는 계기를 마련할 수 있을 것이다.

 ## 관련 성취기준

[6국05-01] 문학은 가치 있는 내용을 언어로 표현하여 아름다움을 느끼게 하는 활동임을 이해하고 문학 활동을 한다.

 ## 관련 구절

"참 안타까운 일이야."

어느 날 아저씨는 동료청소부들에게 말했어.

"좀 더 일찍 책을 읽을 걸 그랬어. 하지만 모든 것을 다 놓친 것은 아니야."

글은 아저씨의 마음을 차분하게 했고, 들뜨게도 했어. 또 아저씨를 곰곰 생각에 잠기게도 했고, 우쭐한 기분이 들게도 했어. 기쁘게도 했고 슬프게도 했지. 음악가들이 음을 대하듯, 곡예사가 공과 고리를, 마술사가 수건과 카드를 대하듯, 작가들은 글을 대했던 거야.

아저씨는 작가들과도 음악가들과도 친구 사이가 되었어.

 ## 활동 절차

1. 시를 읽는다.
2. 청소부 아저씨의 행복과 시 속의 행복을 비교한다.
3. 나의 행복을 떠올린다.
4. 시를 바꾸어 쓴다.
5. 모둠 시집을 만든다.

### 활동 TIP

○ 청소부 아저씨의 행복에 대해서 충분히 이야기를 나눈 후 활동을 한다.
○ 학급의 상황에 따라 개별 시 쓰기나 모둠 시 쓰기 중 편리한 방법을 하도록 한다.

행복

○○초 6학년 김○○

힘들 때

고민 들어줄 부모님이 있다는 것


배고플 때

먹을 음식이 있다는 것


화날 때

즐거운 일을 같이 할 친구가 있다는 것


행복

○○초 6학년 이○○

심심할 때

같이 놀 수 있는 컴퓨터가 있다는 것


슬플 때

기댈 수 있는 친구가 있다는 것


피곤할 때

누울 수 있는 침대가 있다는 것


행복

○○초 6학년 박○○

주말에

같이 야구할 친구가 있다는 것


힘들 때

얘기 들어줄 선생님이 있다는 것


저녁을 같이 먹을

가족이 있다는 것


행복

○○초 6학년 정○○

나와 함께 놀아줄

동물이 있다는 것


가족과 함께

여행갈 장소가 있다는 것


내가 누군가에게

도움이 된다는 것

# 시 바꾸어 쓰기

[ ] 초등학교 [ ] 학년 [ ] 반 이름 [ ]

**1** 나태주 시인이 쓴 '행복'을 읽어봅시다.

> 행복
>
> 　　　　　　　　나태주
>
> 저녁때
> 돌아갈 집이 있다는 것
>
> 힘들때
> 마음속으로 생각할 사람이 있다는 것
>
> 외로울때
> 혼자서 부를 노래가 있다는 것

**2** 여러분이 가장 행복할 때는 언제인가요?

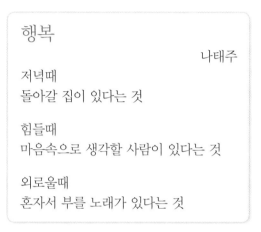

행복

**3** 내가 생각하는 행복을 글감으로 시를 바꾸어 봅시다.

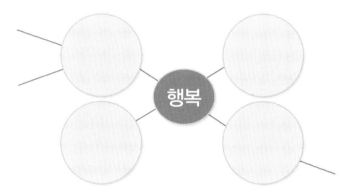

행복 ○○○

# 작가에게 편지쓰기

작가에게 편지쓰기 활동은 이야기 전체를 꼼꼼히 읽고 책 내용을 다 공부한 후에 마무리 활동으로 해 볼 수 있는 활동이다.

이야기를 읽고 이야기의 장면이나 느낌을 떠올리며 제시하는 가치 단어 표를 보고 자신의 가치를 표현할 수 있는 단어를 선택하여 생각을 떠올릴 수 있다.

이야기를 읽고 인상적인 장면과 가치 단어를 연결하여 짧은 한 줄의 문장으로 다양하게 표현해본다. 모니카페트 작가에게 하고 싶은 말을 떠올리며 앞서 표현한 다양한 문장을 활용하여 편지 쓰기를 한다.

작품에서 얻은 깨달음을 바탕으로 작가와의 간접적인 소통의 활동으로 편지쓰기를 해 봄으로써 바람직한 삶의 가치를 찾아보는 활동으로 의사소통능력과 창의적이고 비판적인 사고력 향상과 문화향유 능력을 신장할 수 있다.

 ## 관련 성취기준

[6국05–06] 작품에서 얻은 깨달음을 바탕으로 하여 바람직한 삶의 가치를 내면화하는 태도를 지닌다.

 ## 관련 구절

글 전체

 ## 활동 절차

1. 행복한 청소부 이야기를 꼼꼼하게 정독한다.
2. 이야기 속의 인상적인 장면을 떠올린다.
3. 제시한 가치 단어 표 속에서 가치 단어를 다양하게 선택한다.
4. 인상적인 장면과 가치 단어를 연결하여 3개 이상의 한 줄 문장으로 표현한다.
5. 작가의 소개와 책의 내용을 소개한 서평을 읽어본다.
6. 작가에게 하고 싶은 말을 떠올리며 4.5번의 정보를 활용하여 편지를 쓴다.

### 활동 TIP

- 가치 단어 카드를 A4크기로 정리하여 코팅하고 하나씩 나눠줘서 활용한다.
- 가치 단어의 내용은 이야기 속에서 다양한 가치를 찾을 수 있도록 단어를 수집한다.
- 작가의 정보와 서평을 읽어보게 한다.
- 편지지를 준비해서 나눠줘서 편지 형식을 지켜서 쓰도록 안내한다.

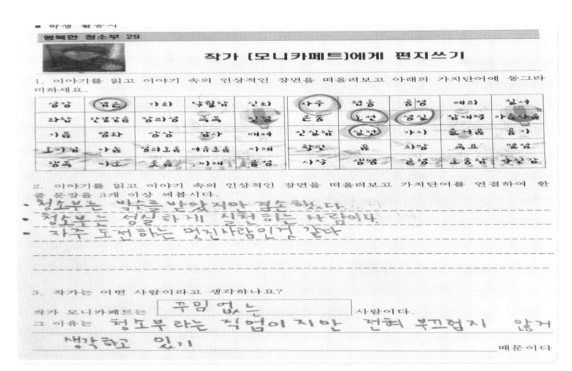

171

# 작가에게 편지쓰기

[        ] 초등학교 [    ] 학년 [    ] 반  이름 [            ]

**1** 이야기를 읽고 이야기 속의 인상적인 장면을 떠올려보고 아래의 가치 단어에 동그라미하세요.

| 성장 | 겸손 | 기회 | 탁월함 | 신뢰 |
|------|------|------|--------|------|
| 화합 | 한결같음 | 창의성 | 극복 | 인정 |
| 기쁨 | 평화 | 상상 | 감사 | 배려 |
| 호기심 | 나눔 | 정의로움 | 여유로움 | 지혜 |
| 행복 | 미소 | 웃음 | 미래 | 긍정 |

| 자주 | 협동 | 공정 | 예의 | 질서 |
|------|------|------|------|------|
| 존중 | 도전 | 성실 | 잠재력 | 아름다움 |
| 진실함 | 실천 | 가치 | 즐거움 | 용기 |
| 확신 | 꿈 | 희망 | 목표 | 열정 |
| 시작 | 생명 | 균형 | 소중함 | 자신감 |

**2** 이야기를 읽고 이야기 속의 인상적인 장면을 떠올려보고 가치 단어를 연결하여 한 줄 문장을 3개 이상 써봅시다.

_____

_____

_____

**3** 작가는 어떤 사람이라고 생각하나요? 작가 모니카페트는 [            ]
사람이다. 그 이유는 때문이다.

_____

_____

_____

172

**4** 작가에게 하고 싶은 말을 떠올리며 1, 2, 3번의 정보를 활용하여 편지를 써봅시다.

작가(모니카페트)에게

# 책을 알리는 광고 만들기

학생들이 흥미 있어 하는 광고 만들기를 통해 책에 대한 호기심을 유발하는 방법이다. 책을 읽고 나서 아직 책을 읽어보지 못한 다른 사람들에게 자신이 읽은 책을 선전하는 광고를 만들어보는 활동을 통해 책에 대한 관심을 높인다.

광고는 사람들의 관심을 끌기 위하여 인상적인 말이나 이미지 등을 사용하므로 사람들의 마음을 움직일 수 있는 사진이나 그림, 글로 표현하고 글씨체, 글씨 크기, 색깔 등을 잘 표현해야한다.

광고에 대한 학습을 사전에 함으로써 광고의 특성을 잘 이해하고, 광고의 의도가 잘 나타나 다른 사람이 읽고 싶은 생각이 들도록 창의적이고 멋진 광고를 개인·모둠별로 만들어 본다.

## 관련 성취기준

[6국05-05] 작품에 대한 이해와 감상을 바탕으로 하여 다른 사람과 적극적으로 소통한다.

## 관련 구절

독일에 거리 표지판을 닦는 청소부 아저씨가 있었단다. ~ 내가 지금 이야기하는 청소부 아저씨는 몇 년 전부터 똑같은 거리의 표지판을 닦고 있었어. 바로 작가와 음악가들의 거리야. ~ 내가 이야기하고 있는 청소부 아저씨는 정말 훌륭했어. 다른 청소부들도 진심으로 아저씨가 '최고'라는 걸 인정했단다.

## 활동 절차

1. 광고의 표현 특성에 대해 이해한다.
2. 광고를 통하여 알리거나 설득하고 싶은 것을 정리하여 쓴다.
3. 광고의 효과가 잘 드러나도록 글, 그림, 사진 등을 효과적으로 사용한다.
4. 광고에서 말하려고 하는 의도가 잘 드러나도록 문구를 만든다.
5. 개인·모둠별로 만든 광고에서 개선할 부분을 찾아 바꾼다.
6. 신뢰성 있는 광고가 되도록 살펴보고 한 줄 평가를 받는다.

#### 활동 TIP

- 광고문을 쓸 때 효과적으로 표현하기 위하여 다른 것에 빗대는 비유법을 사용한다.
- 광고에서 쉽게 눈에 띄도록 글자와 색깔을 잘 선택하고 오래 기억되도록 같은 말을 반복하여 사용한다.
- 광고는 신뢰성이 중요하므로 과장되거나 감추고 있는 내용이 있어서는 안된다.

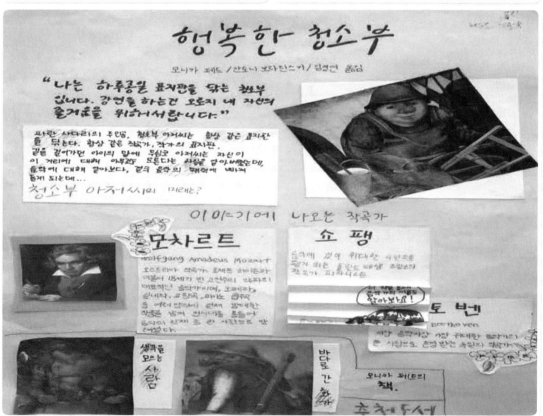

# 책을 알리는 광고 만들기

초등학교 [ ] 학년 [ ] 반   이름 [ ]

**1** '행복한 청소부'를 읽고, 책 내용을 토대로 광고의 특성을 살려서 책 광고를 만들어 봅시다.

**2** 자신이 만든 책 광고를 모둠 친구들과 돌려보면서 서로 의견을 써 봅시다.

| 친구들의<br>생각 | 이 름 | 내 생각은…… |
|---|---|---|
| | | |
| | | |
| | | |

# 비유적인 표현 이해하기

문학에서는 글쓴이의 사상과 감정을 보다 효과적으로 나타내기 위하여 직접적인 설명뿐만 아니라 비유적 표현을 즐겨 사용한다.

비유적 표현은 교육과정이 바뀔 때마다 거의 빠지지 않고 등장할 정도로 읽기 영역에서 비중이 높지만 아이들은 글을 읽으면서 비유적 표현을 만날 때 해석의 어려움을 겪기도 한다. 이에 친구들과 여러 가지 게임 형식으로 비유법에 대하여 알아보고 또 직접 만들어 봄으로써 일상생활에서도 자유롭게 비유법을 사용할 수 있도록 지도하고자 한다.

문학 작품에 나타난 비유적 표현의 특징과 효과를 파악하는 활동은 문학 작품의 섬세한 아름다움을 느끼는 데 도움을 줄 수 있고 나아가 우리의 언어생활을 보다 풍부하고 다채롭게 해 줄 것이다.

## 관련 성취기준

[6국05-03] 비유적 표현의 특성과 효과를 살려 생각과 느낌을 다양하게 표현한다.

## 관련 구절

글 전체

## 활동 절차

1. 모둠원과 「행복한 청소부」를 읽으며 비유적 표현을 찾아 밑줄 긋는다.
2. 모둠원과 협력하여 학습지에 비유적 표현에 대한 개념을 정리한다.
3. 모둠원과 돌아가며 말하기하며 찾은 비유적 표현을 수정, 보충하며 익힌다.
4. 게임1: '나는 무엇일까요?'
   • 모둠원과 어떤 대상을 하나 정하고, 모둠원끼리 돌아가며 대상의 특징을 드러내는 문장을 각각 하나씩해서 네 문장을 만든다.
   • 모둠별로 비유적 표현의 네 문장을 발표하면 다른 모둠에서는 그 대상을 알아맞힌다.
5. 게임2: '나는 누구일까요?'
   • 학습지에 비유적 표현을 넣어 본인을 나타낼 수 있는 문장을 네 개씩 쓴다.
   • 학습지를 접어 비밀상자 안에 넣는다.
   • 학습지를 하나씩 뽑아 문장을 읽어 주면 아이들은 누구인지 알아맞힌다.

### 활동 TIP

○ 모둠원과 비유적 표현을 찾을 때, 빨리 찾은 사람이 몇 쪽 몇 째 줄인지 불러 주어 친구들이 빨리 찾을 수 있도록 도와준다.
○ 비유적 표현과 꾸며주는 말이 헷갈릴 시에는 원관념과 보조관념 사이에는 반드시 비슷한 점, 공통점이 있어야 함을 알 수 있도록 지도한다.
○ 직유법과 은유법의 차이를 이해하고 은유법이 더 많은 의미를 내포하고 있음을 알게 한다.

## ✎ 적용 사례

「행복한 청소부」 책을 읽으며 모둠원과
비유적 표현 찾아 밑줄 긋기

| 「행복한 청소부」 | | 비유적 표현 |
|---|---|---|
| | | **6학년 ( 2 )반 이름( 최현지 )** |

※ 비유적 표현에 대하여 알아봅시다.

| 비유적 표현이란? | 어떤 현상이나 사물 직접 표현하지 않고 다른 대상에 빗대어 표현하는 것 |
|---|---|
| 비유적 표현의 특징 | ◎ 비유적 표현에 등장하는 두 대상 사이에는 ( 공통점 )이 있다. |
| 비유적 표현의 종류 | 1. ( 직유법 ): ~처럼, ~같이, ~듯이, ~양 예- 풍선 같은 솜사탕 |
| | 2. ( 은유법 ): A는 B다 예- 친구는 풀잎이다 |
| 비유적 표현의 좋은 점 | ◎ 느낌이 떠오른다 ◎ 생생한 느낌이 든다 ◎ 재미있다. |

비유적 표현 학습지 정리 1

※ 「행복한 청소부」에 나오는 비유적 표현을 찾아봅시다.

| 대상 | 비유적 표현 | 공통점 | 비유적 표현의 종류 (직유법, 은유법) |
|---|---|---|---|
| 출근하는 청년 | 가을 사과 | | 은유법 |
| 작가, 글 | 슬픔과 등 | | 직유법 |
| 근처 간판 | 타버린 종이처럼 | | 직유법 |
| 시간 | 거북 | | 직유법 |
| | 천국 | | 은유법 |
| 말 | 음악 | | 은유법 |

비유적 표현 학습지 정리 2

모둠별로 찾은 비유적 표현을 발표하며 수정 및 보충하기

게임1: 나는 무엇일까요?(대상 정하기)

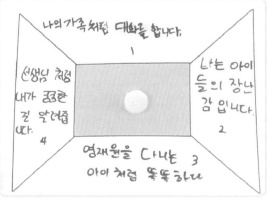

게임1: 나는 무엇일까요?(비유적 표현 넣어 문장 만들기)

게임1: 나는 무엇일까요?
(모둠별로 발표하고 다른 모둠에서는 알아맞히기)

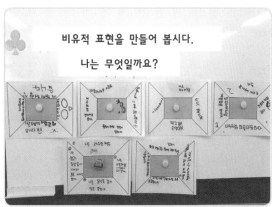

게임1: 나는 무엇일까요?
(모둠별 발표 자료)

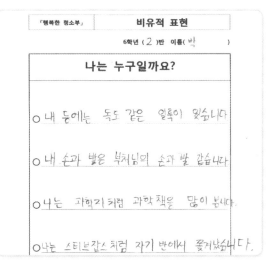

게임2: 나는 누구일까요?
(비유적 표현을 넣어 본인을 나타내는 문장 쓰기)

게임2: 나는 누구일까요?
(비유적 표현을 넣어 본인을 나타내는 문장 쓰기)

게임2: 나는 누구일까요?(학습지를 비밀상자에 넣기)

게임2: 나는 누구일까요?(친구 알아맞히기)

학생 활동지

# 비유적인 표현 이해하기

초등학교 [      ] 학년 [      ] 반  이름 [                    ]

## 1  비유적 표현에 대하여 알아봅시다.

| 비유적 표현이란? | |
|---|---|
| 비유적 표현의 특징 | 비유적 표현에 등장하는 두 대상 사이에는 (                    )이 있다. |
| 비유적 표현의 종류 | 1. (                    ):<br>　예: |
|  | 2. (                    ):<br>　예: |
| 비유적 표현의 좋은 점 | ·<br>·<br>· |

## 2  「행복한 청소부」에 나오는 비유적 표현을 찾아봅시다.

| 대상 | 비유적 표현 | 공통점 | 비유적 표현의 종류<br>(직유법, 은유법) |
|---|---|---|---|
|  |  |  |  |
|  |  |  |  |
|  |  |  |  |
|  |  |  |  |
|  |  |  |  |
|  |  |  |  |

# 비유적인 표현 이해하기

초등학교　　　학년　　　반　이름

## 나는 누구일까요?

III부

# 한 학기 한 권 읽기를 느끼다

느낌 하나. 선생님이 느끼다

느낌 둘. 학생이 느끼다

느낌 하나.

선생님이 느끼다

# 슬로리딩으로 하는 행복한 국어 수업

우리는 국어교육 및 독서교육이 중요하고 필요하다는 걸 모두 알고 있다. 그래서 늘 독서교육에 나름 다양한 방법으로 많은 노력을 기울여왔다. 그러나 그동안 학교 현장에서 여러 가지 이유로 독서교육에 집중하기는 참 어려웠다.

대부분의 아이들은 글을 읽고 이야기의 흐름과 줄거리만 알고 나면 아이들은 책을 다 읽었다고 생각하고, 독서의 즐거움을 느끼기 보다는 책읽기를 과제로 생각하는 아이들이 많았다. 뿐만 아니라 국어 교과서에 실려 있는 문학작품은 주로 짧은 동화나 토막글만 실려 있기에 아이들이 문학작품을 제대로 읽으며 생각하고 느끼며 감동을 충분히 맛보지 못하는 걸 보며 교사로서 늘 아쉬움이 많았다.

그러던 중 슬로리딩을 접하게 되었고, 슬로리딩으로 국어수업을 해야겠다는 마음을 갖게 되었다. 우선, 적합한 책을 선정한 후 한 권의 책으로 10시간 정도의 국어과 성취기준에 적합한 수업내용을 설계해서 국어수업을 해 보았다.

늘 국어시간이면 교과서로 수업을 해 오던 아이들에게 동화책으로 수업한다고 했을 때 아이들은 어떠했을까? 처음에 아이들은 이상하게 생각하였다. 그래서 책을 한번 읽고 나니 아이들은 "선생님, 그 책 다 배웠어요."라고 말한다. 공부를 다 한 책이라고 생각하는 것이다. 그러나 여러 번 함께 읽고 이야기 나누며 글 속에서 하고 싶은 활동을 찾아 수업을 해 나가니 아이들은 스스로 책 속에서 많은 걸 찾아내고 이야기를 나누며 매우 즐거워하였다. 천천히 읽고 깊이 읽으면서 아이들은 주인공의 마음과 입장을 이해하고 마치 그 주인공이 실제 살아있는 존재라고 느끼면서 등장인물을 위로하고 칭찬하고 함께 슬퍼하고 축하해주려는 공감하는 마음을 가지는 걸 볼 수 있었다. 책 속으로 빠져 드는 것이다. 아이들이 적극적으로 참여하는 수업이 될 뿐 아니라 친구들과 소통하고 함께 하는 수업이 되었다.

슬로리딩으로 수업을 하며 아이들이 즐겁게 수업을 하고, 자유롭게 생각을 키워나갈 수 있고 그 과정을 통해 인문학적 소양과 미래를 살아갈 수 있는 역량을 키워나갈 수 있다는 걸 실감하였다. 교사 또한 교과서 진도를 쫓아가는 수업이 아닌 깊이 읽고 천천히 읽으며 생각을 키우는 독서교육을 할 수 있게 되어 참 행복한 국어수업을 할 수 있었다.

그래서 슬로리딩은 아이들이 책읽기를 좋아하게 만들고 생각을 키울 수 있고, 읽기 능력을 길러줄 수 있는 가장 효율적이고 행복한 수업 방법 중 하나라고 생각한다.

# 낯선 길에서 빛을 만나다

'어떤 책을 어떻게 읽고 무엇을 느끼는가?'는 개인의 일이라고 생각했습니다. 온 책 읽기를 지도하기 전까지는.

삼십 년이 넘는 긴 시간 아이들의 우리 선생님으로 지내면서 독서의 필요성을 강조하고, 책 읽을 수 있는 분위기를 만들고, 가정과 연계해서 한 권이라도 더 책을 읽히려고 애를 써왔지만 그 과정은 대부분이 양과 관련된 노력이었음을 부인할 수가 있을까요?

4차 산업혁명이 세상을 주도하는 시대를 살아갈 현재의 학습자에게 가장 필요한 역량은 무엇인가라는 물음에 대한 저의 해답은 자기주도 학습 능력과 자신과 타인을 관련짓는 공감 능력이라는 결론에 이르렀으며 체계적인 독서 지도를 통해 자기주도 학습력을 신장시킬 수 있겠다는 용기를 얻고, 지금까지 익숙하게 수업하던 국어과 지도를 놓고 '온 책 읽기'라는 낯선 길에 들어서게 되었습니다.

한 권의 책을 4시간에서 6시간 정도 학생들과 함께 읽으면서 읽기 전-읽기 중-읽기 후 공부에 필요한 다양한 활동을 설계했으며 학생 참여를 이끌어내기 위한 학습 자료와 도구를 찾고 재구성하여 투입함으로써 거의 매 시간 전력 달리기를 거듭하고 있다는 생각이 듭니다.

묻는 말에 답을 하는 것조차 성가시게 여기고 '예'와 '아니오'의 단답 만을 하던 학생들이 시간이 흐르면서 책 제목을 보고 수십 개의 질문을 쏟아내는가 하면 책 속에 삽입된 몇 장의 그림을 보면서 다양한 생각을 꺼내는 것을 바라보는 감동을 무엇이라 말로 표현할 수 있을까요? 한 문장씩 교대로 소리 내어 읽기만 했을 뿐인데 학생들은 숨소리를 죽이며 집중을 했고, 인물 인터뷰를 할 때는 주인공이 책 속에서 걸어 나온 것처럼 인물을 깊이 이해하고 스스로 그 인물이 된 듯 생각을 말하기도 했습니다.

독서 공부를 통해 책 속의 인물을 포함하여 함께 공부하는 친구들까지 모든 사람의 생각이 같을 수 없다는 것을 깨닫고 인정하는 아이들을 보면서 저는 낯선 길에서 비로소 빛을 만난 것처럼 마음이 벅차오름을 느낄 수 있었습니다.

이 책이 '온 책 읽기'를 지도하시는 선생님들께 희미한 빛이 되기를 간절히 바랍니다.

# 발견의 즐거움을 경험하기 바라며

오늘도 학교 도서관에는 아이들로 붐빕니다. 책을 읽는 아이, 책을 고르는 아이, 컴퓨터 앞에서 무언가를 검색하는 아이, ….

조용히 다가가서 평소 책을 얼마나 읽는지 물어보니 천차만별의 대답이 나옵니다. 그 중 어떤 아이는 하루에 한 권 이상을 읽는다고 합니다. 다독(多讀)을 강조하신 어른들의 선한 충고가 한 몫을 한 듯합니다.

읽기 유창성 신장, 언어 능력의 통합적 향상, 메시지 파악 능력 신장, 배경지식 신장 등을 위해 다독(多讀)은 매우 중요합니다. 더불어 '온 책 읽기'또한 다독 못지않게 중요시되어야 합니다.

'온 책 읽기'의 '온'이란 '온몸으로', '온 맘을 다해'라고 말할 때의 그 '온'입니다. 이야기책 한 권을 정해서 온전히, 끝까지, 다 같이 읽는다는 것입니다. 수업 시간 활동도 '온 책 읽기'를 위한 이야기를 중심으로 재구성되므로 학생들은 이야기에 몰입하여 순수하게 '읽는 재미'를 느끼면서 깊게 생각하고, 그 안에서 재미를 주는 요소를 스스로 발견할 수 있을 것입니다. 그 결과 좋은 책을 더 많이 읽고 싶어질 것이고, 그만큼 좋을 글을 쓸 가능성도 열리게 될 것입니다.

국어 교과서를 공부할 시간에 이야기책을 읽는다는 것에 의구심이 생길 수도 있습니다.'온 책 읽기'의 효과에 대한 의구심은 여전히 남겠지만 그럼에도 불구하고 시도해 볼 가치는 충분히 있을 것이라는 생각이 듭니다.

'온 책 읽기'는 기존 교과서를 활용하는 수업에 비해 교사의 품이 많이 듭니다. 단순히 이야기책을 천천히 읽는 것만으로 성취기준이 저절로 달성되는 것은 아니기 때문입니다. 이야기와 관련된 다양한 활동을 구상·계획·실행하는 과정 자체가 꽤나 피로한 일일 수도 있겠지만 이를 헤쳐 나가는 것 또한 교사의 역량에 달린 일입니다.

'온 책 읽기'는 국어 교육의 새로운 길을 열어줄 것이라고 생각합니다. 시도해 볼 만한 가치가 있는 이 활동을 통하여 학생들이 책을 읽고 발견의 즐거움을 경험하기를 바랍니다.

# 문학의 향기를 전해주는 행복한 수업

4차 산업혁명으로 인하여 미래사회의 인재상이 바뀌고 교육패러다임이 역량중심으로 전환되고 있다. 국어 수업에서 학생들이 그들의 역량을 키워 미래사회에서 꿈과 끼를 발휘할 수 있도록 학습의 방향을 바꾸어 한 권의 책으로 슬로리딩을 하며 지도하였다.

교육과정의 성취기준을 분석하고 내용과 차시의 재구성을 통하여 통합적으로 접근하며 교과연계 독서를 통해 국어 수업을 진행하였다.

학생들의 역량을 기르기 위해서는 수업의 과정에서 성취도와 적합도를 함께 평가해야한다. 적합도는 성취도와 함께 학생들의 변화를 관찰하고 누가기록 하는 것이 중요하므로 깊고, 넓게 읽는 슬로리딩의 과정을 통한 과정중심의 평가로 학생들의 역량을 기를 수 있었다.

과제를 해결하기 위해 학생 상호간에 소통하고 배려하며 자신의 생각과 타인의 생각을 비교하고 차이점을 찾는 과정에서 비판적이고 창의적인 사고를 하는 모습, 흥미와 재미를 느끼고 다른 학습에 전이가 되는 학습효과를 가져오는 등, 학생들의 학습활동 과정과 그 후기를 통해 다양한 역량이 길러지는 모습들을 확인할 수 있었다. 그 효과를 증명하는 한 학생의 소감록 마지막 부분에 이런 이야기가 있다. **'저는 '문학'이라는 것이 상상 이상의 연극을 펼치는 하나의 무대라고 생각합니다. 왜냐하면 문학이라는 것은 다양한 낱말들이 있는 책이기 때문입니다. 그리고 앞으로 이런 문학 공부에 대해 배운 점이 더 가득해지고 싶습니다. 언제나 문학과 함께하며 사는 품위 있는 길로 인도해주신 선생님! 다시 한 번 감사드립니다.'** 한 권의 책으로 슬로리딩한 다양한 체험활동이 한 학생에게는 세상을 새롭게 바라 볼 수 있는 무대가 되었다는 사실이다. 학생들의 변화모습을 보고 교사의 한 시간의 수업이 학생의 인생을 바꿀 수 있구나!라는 생각을 하게 되면서 그 동안 결핍된 내 속의 행복 호르몬이 몸속에 가득 채워지며 행복한 교사가 되었다. 앞으로 나의 수업을 학생들과 함께하는 건강한 수업, 행복한 수업으로 만들어 가야겠다.

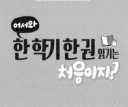

느낌 둘.

학생이 느끼다

수석선생님과의 수업은 아주 의미가 있었다. 독서전 독서후 자신의 생각을 말하고 독서중에 표지를 보고 내용을 짐작 한후에 책을읽으면 자신의 생각과 비교할수 있으니 책을 그냥 읽는것보다 재미있고, 집중이 더 잘되는것 같다.

용호 초등학교 4학년

3학년에 처음올라와서 수석선생님과 수업을 했는데 여러가지 자료로 수업을 하니까 정말 재미있고 그다음 시간이 기대 되었다. 재미있는책으로 즐겁게 공부를 해서 좋다.

용호 초등학교

3학년 1학기 처음 들어와서 독서 공부를 했는데 신기하고 재미있었다. 원래 내가 우리 학교에 생겼으면 하는 것이 독서 공부였는데 실제로 하게되어서 신기방기하고 재미있는 수업이다.

용호 초등학교 3학년

독서는 내가 책을 고르고 읽으면 끝이라고 생각했는데, 수석선생님과 공부를 하면서 '독서'에 대해 새롭게 알게 되었다.

인물 인터뷰를 하면서 인물의 마음을 잘 이해 하게 되고, 다른 사람의 생각을 알수있어서 좋았다.

용호 초등학교 5학년

나는 3년전부터 수석선생님과 만나서 독서공부를 했는데 한권의 책으로 많은 활동을 할수있어서 공부가 너무재밌었다. 내용에 대해 서로묻고 답하기도하고, 토론을 하면서 생각 하는 힘이 커진것 같다.

용호 초등학교 5학년

**제5학년 4반 36번  이름:**

가방들어주는 아이라는 책을 읽으며 느낀점이 많았는데 그것을 스토리큐브를 이용해 편지쓰기를 하여 저의 생각을 더 멋지게 구밀 수 있었습니다. 그리고 영택이와 석우라는 주인공에 대해 제가 비판적으로 생각 했던 점도 친구들과 함께 하면서 저의 생각도 달라지게 됐습니다. 수석선생님께서 책을 통해 편지 쓰고 스토리큐브를 이용하고 뒷이야기까지 예상하는 방법을 저에게 가려져준 것에 감사드립니다. 그것을 활용하니 내가 읽고 싶은 방법이나 아쉬운 점이나 의문점이 들기까지 했습니다. 만약에 기회가 된다면 다시 다른책으로 이런 학습활동을 하고 싶습니다. 그리고 가방들어주는 아이에서 석우와 영택이가 만약 만나지 못 했다면? 이라는 주제로 제가 알아서 집에서 주제를 내어 공부를 하는 습관도 생겼습니다. 제 동생에게도 이런 훌륭한 학습활동을 가려 주고 싶네요. 그리고 아쉬운 점은 시간이 너무 부족했다는 점 입니다. 친구들과 이야기를 하며 토론을 하여 반박과 반론까지 하며 이런 활동을 했다면 더 재밌게 할 수 있었지만 집에서만 할 수 있어 아쉬웠습니다. 그리고 재미있었던 것은 스토리큐브를 이용해 스토리 구상을 하는 활동이었습니다. 이 큐브를 저희 집에서도 사고 싶어서 제가 난리로 칠 정도입니다. 그리고 혹시 되신다면 방학에 이런 활동을 과제로 수시면 줄겠습니다. 왜냐하면 방학동안 배우는게 더 많아지기 때문입니다. 그리고 '문학'이라는게 무엇인지에 대해 사전으로 찾는게 아니고 나의 마음에 따라 달라질 수 있다는 것을 느꼈습니다. 저는 '문학'이라는 것이 상상이상의 연극을 펼치는 하나의 무대라고 생각합니다. 왜냐하면 문학이라는 것은 다양한 책들이 있는 단어이기 때문입니다. 그리고 앞으로 이런 문학공부에 대해 배운점이 더 가득해지고 싶습니다. 언제나 문학과 함께하며 사는 품기 있는 길로 인도해준 수석선생님! 다시 한 번 감사드립니다.

제 5학년 4 반 39 번    이름:

가방들어주는 아이 라는 책은 몸이불편한 영택이를 위해 석우가 1년동안 가방을 들어주는 이야기 인데 편지 쓰기와 스토리큐브를 이용해서 마음을 알아보았다. 영택이는 자신의 몸때문에 힘들고 놀림받았지만 석우와 놀다보니 밝고 생각이많은 아이였다 영택이는 소심하고 항상 기분을 모르게 감추고 있다고 생각하였는데, 본인도 많은 생각을 가지며 인권을 존중해야 한다는것을 알게되었고 영택이 처럼 몸이불편한 분들에 대한 고정관념을 깨고 나도 좀더 긍정적으로 생각해야 겠다고 반성했다 또 석우라는 아이는 "왜 그것까지 들어 거지?라는 생각을 가졌는데 본인도 어느날 가방을 들어줘야 한다는 일이 생겨 한다는게 석우 나름에게도 싫었을것 같았다. 이 이야기는 많은 생각을 담고 있다. 꼭 이 책을 읽지않은 친구들에게 전해주고 싶다 석우가 영택이가 친해지는 과정 결말 까지 서로의 생각이 들어가 있었고 진심이 나에게도 돌아왔다 또, 서로의 입장을 바꿔보면서 읽어보는게 또 다른 이야기를 만들수 있었고 이 이야기에 대한 나의 생각을 얻었다 나의 주제를 통해 책에 대한 근거를 말할수 있었고 새로운 입장에 대하! 생각해 볼수 있는 기회였다. 스토리큐브, 편지 쓰기 방법에 대해 좋은 점을 알았고 따로 책을 읽을 때에도 가방들어주는 아이의 방법처럼 읽으면 더욱 생생하고 실감나게 읽을수 있을것이다. 이 이야기를 추천한다!

제5학년 4반 35번    이름:

이번에 친구들과 재미있게 읽었던 '행복한 청소부'를 읽고 느낀 점은 청소부가 대학 강연을 거절하고 마지막으로 한 말에 감동을 느꼈습니다. 청소부는 이렇게 말하였습니다. '나는 강연을 하고 싶지 않습니다. 지금의 저의 직업인 청소부를 하고싶습니다. 라고 말했습니다. 이 문장에서 감동을 느낀이유는 첫째, 대학 강연 요청이 들어왔을 때 거절한다고 말하는 것이 쉽지 않았을 것 인데 자신감이 있게 거절한다고 했기 때문입니다.

둘째, 청소부가 자신의 직업을 사랑하고 좋아하고 아낀다고 말하였을 때 제가 아!? 나도 이렇게 나를 아끼고 사랑하고 좋아해야겠구나? 라는 생각이 들었기 때문입니다.

이렇게 '행복한 청소부'를 읽고 깨달은 점이 많습니다. 마지막으로 기억에 남는 장면은 청소부가 대학 강연을 거절한 장면입니다. 이유는 제가 느낀점과 같습니다. 대학 강연 요청이 들어왔을 때 거절한다고 직접 말하면 좀 사람들에게 미안했을텐데 용기있게 거절한다고 말한 것이 인상 깊었기 때문입니다.

이렇게 '행복한 청소부'를 읽고 깨달은 점, 인상 깊었던 점 등. 많은 것을 알게 되었습니다.

**제5학년4반33번    이름:**

나는 이 '행복한 청소부'라는 책을 읽고 내가 많이 변화한 것을 느꼈다. 나는 이 책으로 여러가지 활동을 했는데 그중에서 '엄마의 교육방법이 과연 옳은 것인가?'라는 주제로 한 독서토론이 가장 기억에 남는다. 왜냐하면 나는 토론을 좋아하는데 내가 그전부터 선생님과 함께 공부한 책이라서 더 재밌고 내가 잘 아는 책이니 더 적극적으로 참여할 수 있었기 때문이다. 또 이 책과 함께 공부하면서 밑줄과 메모가 자세히 되어있는 내 책을 보고 아주 뿌듯했고 더 열심히 공부해야겠다고 생각했다. 그리고 나는 나의 동생에게 내가 이 책에 대해 알고 있는 지식을 마음껏 뽐내었는데 그때 동생이 나에게 대단하다고 말을 해주어 뿌듯했다. 이처럼 나는 이 책에 대해 열심히 공부한 흔적이 나에게 남아있어서 뿌듯하였고 앞으로도 수석선생님의 공부방법대로 공부하여 성공할 것이다. 나에게 많은 변화를 준 수석선생님과 행복한 청소부 책에 감사한다.